職能給の再構築と
日本型成果主義賃金の
実践テキスト

齋藤清一［著］

中央経済社

はじめに

　今，産業界では高齢化，低成長化，国際化，価値観の多様化，人手不足といった，いわば，成熟社会の中で，日本型雇用システムのあり方を根本から見直す時期にある。

　折りしも，2014年7月30日付けの日本経済新聞朝刊に「パナソニックは10年ぶりに社員の賃金制度を見直す」という記事があった。「年齢に応じて支給額が上昇する年功的要素を廃止し，役職に合わせた成果を大幅に反映する。部課長制も復活させ権限と責任を明確にする」とある。いわゆる日本型雇用システムの変容を物語っているといえる。

1　日本の風土に合った人間基準の賃金とは

　「日本型」とか「日本的」とは何か，学説的には何が本質的な特徴かという問題はある。しかし，あえてその特徴を取り上げれば，定期採用が入り口で，定年退職が出口，採用から退職までの長い勤続の中での社員教育や技術の伝承，それを踏まえてのキャリア開発を継続的に行い，内部昇進を行い，賃金も定期的に高まり続けて行くことなどが，日本型雇用システムの中身といえる。

　つまり，日本型雇用システムは社員の成長に視点を置く人間基準人事であり，この点が欧米における仕事基準人事とは本質的に性格が異なる。欧米型人事は，仕事で人を採用し，仕事の価値で賃金を支払う客観的で合理的な成果主義である。人件費コスト論からいえば成果主義が優れていることは明らかである。

　能力主義は過去の習熟，修得の蓄積であるから，いったん取得した能力は下がらないとする理論構成がある。反面，成果主義は仕事のレベルが下がれば賃金も下がる。

　このように，人件費の変動性という点からすると，欧米の制度がわかりやすいし優れているといえる。

　ただ，働く者からすれば，能力主義は成果主義よりも柔軟で安定しており，優れているといった論評が多い。成果主義は若いうちから結果を求めるので，

能力が萎縮してしまうという批判とか，能力開発のための人事異動ができないなどの問題指摘もある。

一方で，能力主義は人間基準をベースにするので，能力と職務の乖離が顕在化している。このことは，「能力と賃金のミスマッチ」として成果主義賃金導入の理由付けにもなっている。しかし，これら職能給の問題を解決するために，一部企業では職能資格制度の抜本的見直しや等級基準の明確化，人事考課制度や昇格・昇進，また賃金表の再設計などを進めている。

すなわち，能力主義の一層の整備を進め，グローバル経済の下，成果主義をメインにした役割（実力）等級制度へと人事パラダイムの転換を急いでいる。

能力主義の問題点のひとつは「能力と仕事のミスマッチ」である。職務遂行能力が曖昧であれば，結局のところ，職務遂行能力ではなく年齢や経験または学歴で能力判定を行わざるを得ない。年功に必然的に流れる結果となる。

その他，能力主義には定昇制度があり，能力が陳腐化してもいったん上がった賃金は落とすことができない。その結果，人件費は過多になる。

巷では，成果主義賃金が主流であるが，成果を期待するには，まず能力主義で人を育てることが大切だ。人材が育った後は成果主義で人材を活用し，成果で処遇をすることになる。

そもそも能力（職能資格制度）と成果（役割〔実力〕等級制度）は別概念である。能力がある者は全員実力もあり，また成果を上げるとはいえない。しかし，実力とか成果という言葉は能力の上に成り立つ概念である。したがって，キャリア形成の前半は能力主義，後半は成果主義という考え方は日本の風土に似合うごく自然の考え方で，労使ともに理解と納得ができる概念であるといえよう。

賃金に置き換えれば，キャリア形成の前半は職能給と年齢給，後半は日本型成果主義賃金（役割給，業績給，年俸制）の適用となる。

これからの賃金設計導入の留意点は，

① 職能給の昇格の厳格化，最短滞留年数による抜擢昇格，逆に，職能が発揮できなければ降格も行う。

② 賃金は係長以下一般社員，一定資格までは職能給と年齢給の2つで基

本給を設計する。
　　③　管理職の賃金は洗い替え方式による可変性豊かな賃金とする。これからの賃金は役割給または業績給あるいは年俸制の適用となる。
　　⑥　賞与は年間賃金に対する比重を高め，かつ業績反映の度合いを高める。
　　⑦　退職金は組織貢献度の比重を高め，人事考課反映の退職金とする。
などである。
　本書はこれからの賃金設計の考え方を踏まえ，わかりやすく事例を織り込み解説をしている。

2　モデル賃金の作成と公開の重要性

　賃金表は，世間相場や労働市場の状況変化に応じて絶えず最新の賃金に書き替えなければならない。つまり，賃上げ基準とは賃金表の書き替えによる引き上げであり，別のいい方をすればベースアップ基準という意味である。賃金を上げる基準のひとつは能力と仕事の高まりであり，これを労働対価の原則といっている。2つには生計費の向上および生活保障の原則がある。3つには，労働力需給事情がある。労働力需給事情は社会相場賃金を形成する。これに自社の個別事情や労使関係を加味して今年の賃金が決まる。
　月例賃金は社会相場で形成され，常に確認をしておかなければならないのは自社の賃金水準が社会相場のどの水準にあるかである。
　社会相場との比較ではモデル賃金を使う。したがって，モデル賃金がないと比較検討ができない。賃金水準の比較検討は個人対個人の比較ではない。モデル賃金は労使交渉の原点でもある。
　したがって，労使が一体になって生計費や労働，労働力の価値の格差作りについて分析検討を進めることが必要である。ただ，労働，労働力需給事情は賃金価格を決める重要な要素であるが，この部分については労使が立ち入れない部分でもある。すなわち，賃金を考えるとき，自社の生産性で考える側面と社会的要因で決まる2つがある。
　賃金には売り手と買い手の2つの側面がある。買い手で考えれば企業の生産性を超えて労働力を確保することはできない。生産性基準原理の考え方を基本

に賃金の上限は規制されるが，働く者の生活安定のためには賞与原資の中の生活一時金の原資を使い，自社の基本給の弱い部分に何がしかの額を月例賃金に回し，基本給をしっかりと構築することが本来の賃金改革である。

月例賃金を増額するとそれは固定費となるが，業績変動賞与については生産性の調整弁として位置づけることによって経営基盤の安全化を図ることができる。

事例で見るように，賞与計算の基礎給は基本給と切り離し，業績にウエイトを置き自由に変動するシステムとして構築している。

3　賃金管理の進め方

職能給の昇給は，社員が成長（習熟，修得能力）すれば賃金表の中で座席が上方に移動していく。これが昇給である。昇給の中で全社員が対象になるものが定期昇給である。定昇は制度としての規定である。

しかし，仕事で採用された者には昇給がないのが理論である。なぜか，仕事の価値は変わらないからである。しかし，他の社員との関係を踏まえて経験昇給程度を実施している企業が大勢である。仕事には辛さと難しさがあり，仕事の値段が決まる。

定昇ありは能力開発の程度を評価している。各人の仕事や能力や年齢をベースにして評価が行われる。定昇は賃金表を設定し，毎年制度的に行うことを約束している。この賃金表があるからこそ，社員は安心して明日に向かって働くことができる。

また良質な社員の採用，定着のための基本ベースにもなる。しかし，一度決めた賃金表はいつまでも使えるものではない。物価上昇や生産性向上があった年には書き替えなければならない。すなわち，賃金の上昇は毎年のベアと定昇の2つで行われる。賃金水準は賃金表で定められ，その水準を維持するためにベアで改定を行う。賃金表策定の意義は正に優秀人材の確保と定着，労使一体化の原点であり，それが企業成長，発展の絶対条件にもなる。

本書は，以上述べた職能給や日本型成果主義賃金設計と導入の方法および新賃金導入後のベア改定の仕方まで，こと細かく記述した実務書であり，他に類

を見ない貴重な1冊である。人事責任者を始め人事マンや賃金交渉労組社員の賃金実務を学習する教材，手引書として多いにお役に立つと確信をしている。

4　本書の主な特徴

　本書は12の章とAppendixで構成しているが，章のポイントを挙げれば次のとおりである。

　第1章では，日本の人事管理の原点は人間基準であり，人の成長の可能性に期待する「和と安定」の人材育成論をベースにしていること，しかし世界基準は「格差と競争」の世界，仕事基準であり客観的であり合理的でムダがない制度との違いを記述している。

　わが国の風土に似合う賃金は職能給であり，その賃金体系は人生の前半は能力主義の職能給，後半は日本型成果主義の役割給の導入を推奨している。

　第2章では，能力主義の賃金を導入するためには，能力を具現化するベースを作成しなければならないこと，その手段，方法が職能資格制度の設計と導入である。職能資格制度のフレーム作成の留意点について記述している。

　第3章では，自社賃金の実態が世間相場に比べて現にどのような状態にあるのかを把握し問題点を知ることが必要であること，また企業内賃金格差の矛盾点の把握と是正に努めることが必要であることを述べ，その分析をする要点を説明している。

　なかでも，新基本給策定にあたってのキーポイントは基本給ピッチである。自社の体力に合った定期昇給額の大きさにも配慮して定昇額を決めることが大切であることを記述している。

　第4章では，年齢給，職能給の策定の準備作業として基本給ピッチ（1年当りの昇給額）を年齢給，職能給にどのような割合で配分するか，年齢給ピッチと職能給ピッチの配分政策の問題を説明している。この配分ウエイトの置き方次第で，年功か能力賃金かの性格づけができる。企業ニーズを踏まえながらも，決断をしなければならない重要ポイントのひとつであることを記述している。

　第5章では，いよいよ賃金表策定の作業に入る。年齢給表，職能給表作成の計算実務を記述している。年齢給表の作成には年代配分，また職能給表の作成

にはサラリスケールの型を決めることから始まり，計算にはいくつかのステップがある。賃金表にも4種類がある。

賃金表の作成が終わっても，職能給表の適合度検証を行わないと賃金表として実際には使えない。また，年功賃金から能力・成果主義賃金への切り替え時の留意点を説明している。どんなに優れた新制度であっても急激な変革は問題を生じるからであり，穏やかに切り替えることが成功の秘訣であることを記述している。

第6章では，せっかく，苦労をして作り上げた賃金表であっても，物価上昇時には，賃金表の改定（ベア）を行わないと有効な賃金表として活用できなくなる。また，賃金表を使って中途採用者の初任賃金を決める計算の仕方を実務的に解説をしている

第7章では，賃上げは労使間個別交渉によって決まる。その結果も企業の支払い能力によって労働分配率が必然的に決まる。生産性基準原理が重要である。しかし，企業の生産性をベースにしながらも，労働力の需要と供給関係を無視して，一企業の事情のみでは決めることはできない。ベアは社会性の問題である。

売上拡大や賃上げ吸収策およびコスト削減策を戦略的に考え，収益向上に努める必要がある。人事マンが知らなければならない財務分析に必要な指標を取り上げ説明をしている。

第8章では，諸手当のあり方や見直しのポイントを記述している。手当とは，個人的な受給条件（労働条件や生活条件）の差を手当で処理するために支給する賃金である。受給条件を満たす人にのみ支給するのが，本来，意味のある手当である。また，賃金論では，たかが1円でも説明できない手当は支給しないのが原則であると記述している。

第9章では，日本型成果主義賃金といわれる役割給の設計とその課題を解説している。

役割給を導入するためには，まず能力主義で賃金を固め，その上に成果主義の役割給を乗せる形になる。そのためには，能力主義と成果主義の調和を保つ役割等級制度（実力等級制度ともいう）を導入することが必要になる。

役割給を導入するキーは職責評価とチャレンジ業務,チャレンジ加点である。そこで,職責評価とは何か,職責評価と職責給の関係,チャレンジ業務とは何か,チャレンジ加点はどのように行うのか,この職責評価とチャレンジ加点で構成する日本型成果主義賃金,役割給の性格とその特徴を詳しく記述している。

第10章では,管理職・専門職エグゼンプト層の賃金として,可変性を持つ完全成熟賃金といわれる日本型年俸制の設計とその運用の留意点を詳しく記述している。日本型年俸の仕組みは基本年俸と業績年俸の2つで構成する。日本型は賞与を残す年俸だが,そのやり方にもいろいろとある。年俸制の導入の実務作業においては,基準賃金の組み替え作業から始まるが,その日本型年俸システムのポイントを詳しく解説をしている。

第11章では,成果配分賃金の検討時,重要な議論になるのは,付加価値(利益)の捉え方である。付加価値については労使で話し合い自社の考え方を統一しておくことが必要である。

付加価値分析のポイントは第一に企業の生産性の正しい測定,第二に成果は資本と労働(賃金)に適正に分配されているか否かの分析である。成果配分賃金の基本的な考え方と導入のポイントを細かく解説をしている。

第12章は第二の賃金,第三の賃金といわれる賞与制度,退職金制度の設計と運用の仕方を解説している。設計にあたっては賞与の性格,退職金の性格を自社で議論し検討することが必要であり,その性格付けによって,制度設計の味付けが大きく変わる。

賞与には生活一時金部分が包含するとする考え方や,退職金に組織貢献度評価を反映するという考え方などについて自社内の議論が必要である。これらの課題を含め,最近の制度構築の考え方を提言し,参考事例を提示している。

Appendixでは,賃金改革を実施した企業の賃金諸規定の抜粋を参考として掲載した。賃金理論に基づき賃金制度を新たに構築した企業事例であり理論構成がどのように実務展開されているかの参考になると思う。

以上が本書の主なポイントであるが,賃金制度改革はあくまでも社員の幸せと経営発展の手段,方法に過ぎないものであり目的ではない。もし,制度改革で社員がやる気をなくしたり,経営業績が下がったりするのであれば制度構築

や改革は意味がないと筆者は考えている。新制度を設計したり，また改革を成し遂げたら，何としてもある一定の業績と利益を獲得しなければならない。筆者は「人事賃金改革は社員のパワーを引き出す原点」と考え，30年来，コンサルタントとして訴え続けている。

　以上から本書の賃金理論構成は人事賃金制度の大家である恩師，楠田丘先生〔元　日本賃金センター代表幹事〕の理論をベースに，筆者が学会，学説，また，現場のコンサル指導から得た知見と経験から実務を拾いまとめたものである。

　最後に，本書の出版にあたっては社会保険労務士平山久美子氏に労をいただいた。中央経済社企業実務編集部編集長杉原茂樹氏には，ご多忙にもかかわらず気持ちよく何度も労をとっていただき心から感謝の気持を申し上げたい。

　2016年2月　　まだ早き春，鎌倉の書斎にて

齋藤　清一

目　次
――職能給の再構築と日本型成果主義賃金の実践テキスト――

はじめに

第1章
日本の風土に似合う賃金システムとは …………………………… 1
●日本の風土に似合う望ましい賃金とは何か

1 これからの賃金設計の基本的なあり方 …………………………… 3

2 管理職の複線型賃金設計のあり方 …………………………… 8
　(1)　職能給と役割給の選択／9
　(2)　職能給と業績給の選択／10
　(3)　年俸制の選択／11

3 一般社員の賃金設計のあり方 …………………………… 12
　(1)　生活を保障する年齢給／12
　(2)　同一資格，同一賃金体系／14

4 年功賃金から職能給への切り替え …………………………… 15
　(1)　エリート賃金とは／15
　(2)　人事トータルシステム／15
　(3)　賃金のメインは職能給／17

第2章
年功に代わる能力主義人事・賃金への転換 …………………………… 19
●年功に代わる能力主義人事の構築

1 職能資格制度の設計 …………………………… 19
　(1)　職能資格制度とは／19
　(2)　職能資格制度のフレーム／21
　(3)　日本の労働市場と賃金／22

2 年功処遇制度の見直し …………………………… 22

(1) 能力主義と年功処遇／23
  (2) 能力開発賃金の仕組み／24
❸ 賃金体系の種類 ……………………………………………………… *25*
❹ 職能給導入のためのベース作り ……………………………… *28*
  (1) 等級数の設定／28
  (2) 初任格付け／30
  (3) 対応役職位の設定／30
  (4) 等級滞留年数／31

第3章
自社賃金の分析・診断 ……………………………………… *35*
●基本給ピッチの計算

❶ 自社賃金の分析・診断 ………………………………………… *35*
  (1) 自社賃金の実態把握と改善課題の抽出／35
  (2) 平均賃金，個別賃金，個人別賃金の分析／37
  (3) 労使による定期的な賃金水準分析／38
  (4) プロット図の作成と診断／39
  (5) 生計費による賃金水準分析／40
❷ 賃金体系選択にあたっての診断 …………………………… *44*
  (1) 賃金体系診断の仕方／45
  (2) 分布の類型と特徴／45
  (3) 自社賃金分布型の判定／48
  (4) 基本給ピッチによる診断／48
❸ 新基本給策定のためのピッチ計算 ………………………… *49*
  (1) 自社の基本給ピッチの計算／50
  (2) 自社の賃金水準の診断／51
  (3) 定期昇給額の検証／52
  (4) 自社の生産性とベアの考え方／53

第4章
年齢給・職能給の策定　その1． …………………………… 55
●基本給ピッチの配分政策

1 基本給ピッチの配分 ………………………………………………… 55
　(1)　年齢給ピッチの年代配分／58
　(2)　金額的高さの割合の変化／59

2 職能給がすべての賃金のスタート ………………………………… 60
　(1)　職能給カーブに見る特色／60
　(2)　職能給は半分だけ能力主義／61
　(3)　モデル賃金（エリート賃金）の利用／64
　(4)　ポイント賃金（基幹賃率）のチエック／64

第5章
年齢給・職能給の策定　その2． …………………………… 67
●賃金表の作り方と導入の仕方

1 年齢給表の作成の仕方 ……………………………………………… 67
　(1)　基本給ピッチから算定する年齢給／67
　(2)　40歳最低保障の年齢給／70

2 職能給表の作成 ……………………………………………………… 71
　(1)　職能給サラリースケールの型と種類／71
　(2)　レンジレートの作り方／74
　(3)　職能給の習熟昇給と昇格昇給の割合／75
　(4)　職能給導入時の昇格昇給の取扱い／78
　(5)　昇格昇給の減額方式／79
　(6)　職能給サラリースケールの計算／79
　(7)　職能給モデル賃金の計算／81
　(8)　各種賃金表の特徴／88
　(9)　賃金表の種類／89

3 職能給表の適合度検証 ……………………………………………… 94
　(1)　シミュレーション作業／94

(2)　移行時の取扱い／96
　(3)　新賃金移行時の職能資格等級の格付け／97
　(4)　年功賃金から能力・成果主義賃金への移行／98
　(5)　職能給への移行方法／100

第6章
賃金表の運用 ……………………………………………………… 103
● 賃金表のベア改定

❶ 中途採用者の賃金の算定の仕方 ……………………………… 103
　(1)　初任資格等級の格付けと初任給の算定／104
　(2)　前収保障の中途採用者の賃金取扱い／104

❷ 賃金表の政策的作成 …………………………………………… 105
　(1)　労働対価による賃金設計の仕方／105
　(2)　人事考課による昇給展開／108

❸ 賃金表の改定とメンテナンス ………………………………… 108
　(1)　生計費カーブの見直し／109
　(2)　職能給（習熟昇給ピッチ）の見直し／110
　(3)　ベアによる調整配分／111

❹ ベア配分と昇給の実務 ………………………………………… 111
　(1)　賃上げ（定昇・ベア）の手順／111
　(2)　ベアの計算方法／112
　(3)　ベアとその配分方法／113
　(4)　定率配分と定額配分／113
　(5)　賃上げスケジュールと作業／114
　(6)　ベア配分と初任給の決め方／115
　(7)　ベアより大きい初任給上昇の対応／117

❺ 職群管理と賃金のあり方 ……………………………………… 118

第7章
生産性と賃金の決め方 …………………………………………… 121
● 賃上げと吸収策

生産性と賃金の決定 ……………………………………………… 121
 （1）賃上げとその吸収策／121
 （2）賃上げ幅の決め方／122
 （3）支払い能力の考え方／122

第8章
諸手当のあり方と考え方 ………………………………………… 125
● 諸手当の検討

1 諸手当の検討の必要性 …………………………………………… 126
2 諸手当のあり方 …………………………………………………… 127
3 諸手当の種類 ……………………………………………………… 127
 （1）職種手当（労働市場調整手当）／127
 （2）生活関連手当／127
 （3）仕事関連手当／129

第9章
日本型成果主義，役割給の構築 ………………………………… 131
● 役割評価システムの要件

1 役割等級制度の導入 ……………………………………………… 132
2 職責給表の設計の仕方 …………………………………………… 133
3 役割給の導入と業績考課 ………………………………………… 135
4 職能給の弱点を役割給で補強 …………………………………… 137
5 目標面接による役割の設定 ……………………………………… 137
 （1）チャレンジ業務の設定プロセス／140
 （2）チャレンジ加点と管理者の目標／141
 （3）管理者の役割目標の設定／142

(4) 非定型，課題業務の難易度判定／143
6 役割評価の実施 145
　　　(1) 職責評価のすすめ方／145
　　　(2) 職責評価の実際と判定／146

第10章
日本型年俸制の設計と導入 151
●基本年俸と業績年俸の2つで構成
中高年の人材活用と処遇 151
　　　(1) 日本型年俸制導入の意義／152
　　　(2) 日本型年俸制の仕組み／153
　　　(3) 年俸のアップダウン／154
　　　(4) 年俸制導入の実務作業／155

第11章
成果配分賃金の考え方，捉え方 159
●付加価値による成果測定
成果配分賃金の導入 159
　　　(1) 付加価値とは何か／160
　　　(2) 成果配分賃金の組織への還元／161
　　　(3) 成果配分賃金の基本的な考え方／161

第12章
これからの賞与・退職金の考え方とシステム 165
●短期，長期の処遇システムの設計と運用
1 賞与制度の考え方と設計の仕方 165
　　　(1) 労基法上の臨時に支払われる賃金／165
　　　(2) 賞与制度の基本的な考え方／167
2 わが社の経営収支状況のチェックと改善 181

❸ 社員1人当たりの効率性はどうか ·········· 182
(1) 社員1人当たりの働き／182
(2) 企業業績に取り組んだ社員1人ひとりの貢献度／183

❹ 超高齢化時代の退職金制度 ·········· 184
(1) 退職金の性格／185
(2) これからの退職金制度の構築／186
(3) 退職金算定方式の種類／186
(4) 参考事例（A社の新退職金制度）／190
(5) 退職金水準の分析，水準とカーブの検証／192
(6) 60歳定年下の退職金の取扱い／197
(7) 退職金の年金化／198
(8) 年金化についての留意点／199
(9) 退職金の外部保全／201

Appendix：賃金関係諸規定（例示） ·········· 203
賃金規程　抜粋／203
年俸規定　抜粋／207
賞与規定　抜粋／210
退職金規定　抜粋／213

おわりに――高齢者の人材雇用を進めるために　215

第1章 日本の風土に似合う賃金システムとは

● 日本の風土に似合う望ましい賃金とは何か

　日本の人事管理は人間基準である。しかし，世界基準は仕事基準である。人間基準のメリットを挙げれば人事異動にも柔軟に対応できるし，また人材を育てれば経営は発展する。人が新しい仕事を創るという発想である。しかし，知識，技術など豊富な経験と肩書きを持つ中高年齢者がIT，ME化時代の変化に対応できないという能力と仕事のミスマッチも目につく。これに対して，仕事基準は合理的でムダがないしわかりやすい。デメリットをあえて挙げれば，人事異動ができないことである。その仕事ができなければ人事異動はできないからである。仕事が主人公との発想である。

　わが国は人の背中に値札がつく人間基準，すなわち人事の基本は能力主義である。人間を見て，能力を見るからこそ評価という課題も生まれ，また人材育成論も成り立つ。人材が育ったら適材適所での活用，そしてその働きに見合った処遇問題が発生する。人間基準は能力トータル人事制度で成り立っている。

　しかし，能力は目で見ることも手で触れることもできない。また，人事でいう能力とは人間的，全人格的な能力ではなく，その企業が全社員に期待し求める職務遂行能力という限定した能力である。この能力主義を具体化するには職能資格制度を導入し，能力を明確化する必要がある。能力の明確化を等級基準という。

　この等級基準をベースにして能力主義は評価，育成，活用，処遇の好循環サイクルを回す。このサイクルとは評価，育成，活用，処遇の人事諸制度であり，これをトータル能力主義人事制度の4大イベントといっているが，この人事制度は日本特有の人事管理制度ともいえる。

わが国では人間，すなわち人の可能性を見ているので，評価，育成，また人材の活用が話題に上がる。人材活用の結果，その働きに対していかに処遇をするかが話題になる。

　仕事基準の世界では仕事が主人公であり，4大イベントの話はない。グローバル経済下の今日，この日本の強みである人材育成論を捨て仕事基準に切り替える企業も多数ある。しかし，その結果は必ずしも上手く機能をしているとはいい難いが，それはわが国の組織風土にも理由がある。

　わが国では従来から組織の成果とか，組織の一員としての一体感を求めるが，個人の業績にはあまり目を向けてこなかった。そのため個人の職務を見つめた職務評価，職務分析の概念が根づいていないことも理由のひとつに挙げられる。このことは欧米の「格差と競争」を促す成果主義は日本の「和と安定そして調和」の風土にはなじまなかったことを意味している。

　そこで，これからのわが国における賃金体系の提案であるが，やはりわが国では人間基準が風土に似合うし，人間基準による「職能給と日本型成果主義賃金制度導入」が良いということである。言葉を換えれば，日本の人事制度は人が仕事を創造する能力主義人事・賃金制度であるといえる。

　賃金設計のベースは能力を高め賃金を上げ続けていく能力開発賃金であり，これを職能給という。能力主義は職能資格制度（等級基準ともいう）で具体化する。しかし，いつまでも能力開発賃金を維持することはできない。経営は成果を確保しなければ存続はできないからである。能力開発賃金の課題を挙げれば，職能給のベースである職能資格制度は卒業方式であり，能力が陳腐化しても降格がないとの理論がある。

　これらの穏やかな能力主義人事の考え方では，グローバル経済下の競争に勝てないことは明らかである。職能給制度の導入は多くの労働組合の賛同も得てきた。しかし，産業の空洞化や雇用不安の深刻化の中で，日本でも人材が育った後の知的熟練者や高齢者および管理職クラスには成果主義賃金の導入は必然の結果として広がっている。

　欧米型成果主義賃金はコスト低減のための合理的な賃金であることはいうまでもないが，果たして欧米型成果主義賃金が本当にベターなのだろうか。

図表1-1　能力基準と仕事基準のメリット，デメリット

	Personal基準	Job基準
	能力基準（職能給，年齢給，職種給）	仕事基準（職務給，職責給）
合理性	○	◎
客観性（明確性）	×	○
組織の柔軟性（人事異動）	◎	×
能力開発	◎	○

（注）◎…極めて優れている。○…優れている。×…問題が多い。

　そこで，これからのわが国の人事賃金制度の構築は能力主義をメインとして，一部のエグゼンプトや上級管理者，知的熟練者，高齢者には，今何をしているか，どのような成果を上げたかの客観的で公平なシステムを作り，全社員がチャレンジできるオープンな制度とする日本型成果主義賃金の導入が望ましい。その日本型成果主義賃金とは何か，以上から次に賃金設計の理論とその実際を考えて見よう。

1 これからの賃金設計の基本的なあり方

　従来の年功賃金を分析してみると主としてホワイトカラーや男子を対象に設計されており，現場労働者の賃金は横ばいカーブ，女性労働者は年齢とともに下降線カーブを描いている。しかし，これらの凹型カーブは特に次の2点に問題がある。

　ひとつは賃金の中だるみである。ヤング層の後半（30歳）からミドル層（35歳前後）の前半にかけての賃金が仕事や能力，生計費から見てバランスを失った状況にあり，このことは世帯形成意欲を喪失させる結果になっている。これは，働く意欲や人材活用および企業活性化の面からも大きな問題があるといえる。

図表1-2　これからの年代別賃金設計の考え方

型	種別	項目	ライフステージ				
			20歳～	30歳～	40歳～	50歳～	60歳～
日本モデル	インプット（労働力）	生活主義（年齢給）	◎	○	—	—	—
		能力主義（職能給）	○	◎	◎	○	—
アメリカモデル	アウトプット（労働）	成果主義（役割給）	—	—	○	◎	◎

◎印は最重必要項目，○印は必要項目　　　　　　　　　　　年俸制

　今ひとつはハイエイジ層（45歳）以上の賃金が仕事や能力の発揮よりも高いレベルにあり，職能給では経営は成り立たないという問題である。確かに職能給はいったん昇給した賃金を下げる機能を持たない。どんなに知識や技術が豊富であっても，成果に結びつけることができない人がいる。

　巷では50歳～55歳でいったん賃金水準を落とし，そこから60歳まで緩やかな凸型昇給カーブ描き，60歳到達時に嘱託別体系の賃金制度に切り替えて，雇用義務を65歳まで維持している企業が多い。

　しかし，このような付け焼刃的な対応では能力の発揮やモラール管理，また人件費管理からも多々問題が多い。すなわち，賃金体系を生涯ベースで考えるとき，生計費の伸びと仕事や技術，技能の修得・習熟能力の成長，能力の発揮

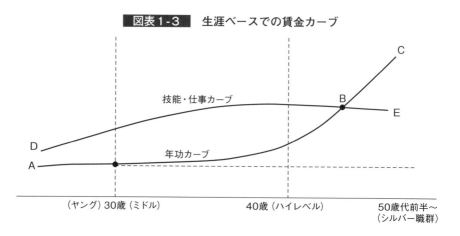

図表1-3　生涯ベースでの賃金カーブ

時期によって賃金のあり方も違ってくるし，変えなければならない。次に生涯ベースで賃金のあり方を考えてみよう。

　①　18歳から40歳までの賃金は，これからの人生を設計していかなければならない一番大切な世帯形成，キャリア形成の成長期にあたる。賃金は安定的な年齢給をベースに置き，その上に職能給（習熟昇給プラス昇格昇給）を乗せ，基本給は職能給と年齢給で構成する。

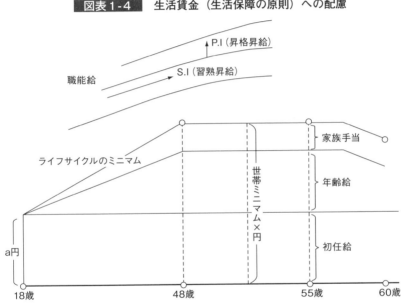

図表1-4　生活賃金（生活保障の原則）への配慮

　一方，ある職種について，職種内の仕事をどのくらいできるかで決める賃金を職種給というが，職種限定のホワイトカラーの賃金は人間基準賃金と仕事基準賃金をミックスにした職種給を適用する。人間基準賃金は職能給をベースにした賃金であり，定昇がある。一方の仕事基準賃金は職責給をベースにしており，職責のグレードアップがあったときに昇格昇給が発生する。昇格昇給は定期的には発生しないので，この昇格昇給のことを臨時昇給といっている。

　一方，社会的相場に強い影響を受ける社会的特殊労務職群を一般的にブルー

カラーといっているが、これらの社員（介護士、運転手、栄養士、調理師、営繕など）の賃金は職務給が適切である。職務給は本来、昇給がないのが、原則であるが職能給や職種給適用者との調和から若干の経験習熟昇給をセットする。したがって、これらの職務給該当者の賃金カーブは上に向かって滑らかな丘カーブを描く。

しかし、職種、職務に関係なく、いずれも40歳の完全習熟年齢の到達をもって定昇、経験昇給は完全にストップした可変性豊かな日本型成果主義賃金である役割給に転換することが、これからの賃金のあり方といえる。

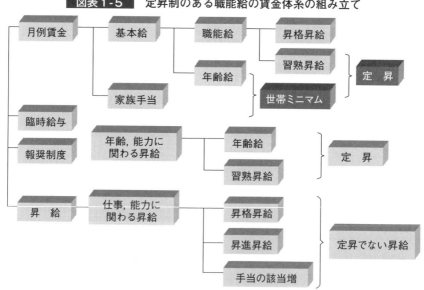

図表1-5　定昇制のある職能給の賃金体系の組み立て

②　41歳以上のミドル層になると年齢給の原資をもって、そのまま職責給に名称変更を行い、年齢給昇給はこの時点でストップする。また、この職責給は毎年の職責評価によって可変性のある賃金となる。

職能給については明確な職能の低下がない限り原則的には現給を保障するが、職能の陳腐化が明らかな場合は例外として降格、降給があり減給となる。職能給の定昇（習熟昇給）は係長クラスまでとし、課長クラス以上にはない。

これら課長クラス以上者の昇給は，上位資格に昇格したときに発生する昇格昇給と，上位職責給の獲得による職責グレードアップの昇給（階段式昇給）の2つがある。

　ミドル層の基本給は職能給プラス職責給，または役割給で構成する。職能給は定昇ストップとなり，昇給は役割の拡大によって可変性のある賃金とする。役割給とは権限と責任に応じた賃金で，ある一定の役職またはある一定の資格者以上を対象にした職務給的性格を持った賃金である。なぜ職務給といわないのかの理由は，わが国ではある役割を持つ者に，その権限と責任の範囲において柔軟に職務を与えるのが日本流であり，仕事ができる者には仕事がどんどんどんどんと集中する。

　組織貢献，利益貢献，チャレンジなどの役割業務を遂行することを期待し支払う賃金を役割給，達成度を評価して支払う賃金を業績給，6カ月または1年単位の成果目標の達成度に対して支払う賃金を半期年俸制，または年俸制という。

　このクラスの基本給体系の設計ポイントは，定昇のない職能給に役割給をプラスし基本給を構成する。

　基本給および年俸制の仕組みは次のとおりで，どのタイプを選択するかは企業ニーズで決める問題である。

- 職能給プラス職責給
- 職能給プラス役割給（職責給×チャレンジ目標）
- 職能給プラス業績給（職責給×チャレンジ目標×業績考課）
- 成果給｛(職能給＋職責給)×チャレンジ目標×業績考課｝
- 年俸＝基本年俸（職能給＋職責給）×12カ月＋業績年俸（職能給＋職責給or役割給or業績給）×Xカ月×業績考課

　③　55歳以降のシルバー層の賃金は能力，体力，意欲が人により異なる。したがって，働く側，経営側，両者に負担がかからない日本型成果主義賃金の業績給，成果給または業績年俸など可変性自由自在の賃金の選択が望ましい。65歳〜70歳までの後期シルバー層については年金も組み合わせた業績給（職責給×チャレンジ目標×業績考課）の適用が良い。業績給の基になる職責給につい

ても，50歳以降の部分的な設計ではなく生涯労働をベースに賃金体系と賃金カーブ（昇給システム）をライフサイクルに沿って新しく設計する。

ベアについては，すべての層に共通して実施することが必要である。このように，これからの生涯ベースの理想の賃金体系は，人生の前半は中ふくらみの凸型カーブ，定昇制度のある成長賃金，①職能給と年齢給／②職種給と年齢給，40歳中年時は部分的に可変性のある①職能給と職責給／②職種給と職責給，55歳以降の後半は可変性自由自在な業績給，成果給，年俸制などの成熟賃金として設計することが望ましい。

2 管理職の複線型賃金設計のあり方

　管理職には役割の違いにより3つのタイプがある。部下掌握育成，部門統括をメインとする役割昇進の管理職（manager），また腕一本といわれる深い経験と業務知識および技能を駆使して今日の仕事を推進する業務推進の名手の専任職（expert），その他，極めて高度な研究開発や創造性で勝負する研究，企画開発の名手の専門職（specialist）である。専任職，専門職の2つは仕事昇進の管理職である。

　これらの役割の違いを受けて，管理職の賃金をどう設計したら良いのかであるが，管理職のタイプ（権限と責任の違い）によって考えるポイントは次のとおりである。

　一般的に管理職は自分の業務目標の達成度だけではなく部下を掌握，育成して組織目標を達成しなければならない権限と責任がある。しかし，専任職，専門職は深い経験や業務知識，または高度な専門知識や研究開発力，技術力を駆使して自己の特定分野業務だけを推進する一匹狼的存在といえる。

　従来，専任職，専門職は組織の必要性というよりも社員の処遇的な意味合いが強く，二番煎じ的な取扱いであったといえる。ここで考えるのは今までのような処遇職ではない。しっかりとした役割を持った人材群であり，役割の違いと働き方に対して"努力が報われた""成果を正しく評価してもらっている"という満足感と納得感が得られる仕組を作るということである。そのポイントは次

のとおりである。各職群の基本的賃金部分の設計においては次の3案がある。
① 役割の重さに大小があるとすれば管理職，専任職，専門職ごとにそれぞれ3本に分けた役割給をベースにする。役割給の構成は職能給プラス職責給で設計する。
② 各職群の違いは職責給で格差をつけて対処する。
③ 役割給を構成する職能給は，各職群共通の賃金体系として1本設計する。管理職，専任職，専門職の相互乗り入れをスムーズにするためにも役割給（基本給部分）は同一とし，できるだけ共通部分を多くしたほうが良い。各職群の違いは手当で対応する。役職手当はモデル基本給の一定割合（定率）で計算する。

管理職手当には，部下との交際費，残業見合部分，その他，若干の職責料が含まれているのでトータルで15％，監督者（係長クラス）は残業代が支給され交際範囲も狭いので5％程度，専任職，専門職は原則として部下はいないので残業見合い部分で10％程度，専門職は職責への期待含みで管理職と同じ15％，または政策的に20％程度といったところが目安になる。これはあくまでも企業内での役割のウエイト付け，あるいは公正感で決める問題である。

実際の手当額の算定はモデル年齢の基本給（例えば，課長クラスは38歳，部長は43歳などの点を決める）に，それぞれの役職群別の定率を乗じて手当額を計算するのが普通である。

さて，管理職の役割と賃金の違いを上述したが，基本給の設計にあたっては，次のように3つのタイプがある。そのひとつは職能給と役割給，その2は職能給と業績給，その3は年俸である。年俸計算の基本給（基準賃金という）は職能給と（役割給or業績給）＋管理職手当＋家族手当で構成する。年俸は実力・成果主義賃金であり，手当の概念がないことが留意点である。子供がいるから年俸が多いなどといったことは理屈にならないからである。

(1) 職能給と役割給の選択

職能給部分については同一資格，同一賃金で基本給を構成する。この職能給を有効にするために，一般職や係長クラスで40歳ぐらいまでは年齢給の土台の

上に職能給を乗せ基本給を構成する。

　すなわち，一般，監督職能クラスまでは年齢給と職能給で定昇制を持った成長賃金がふさわしいが，管理職，専任職，専門職クラスともなれば，もはや賃金は最低生計費を十分にカバーし得る水準まで達しているので年齢給の原資を使い職責給に名称を変更し，定昇をストップする。しかし，能力はまだ伸びている者もいるので職能給は継続する。

　職責給は与えられた責任領域の仕事を超えてチャレンジ（拡大チャレンジ，革新チャレンジ，創造チャレンジ）し，チャレンジ有効と認められたときには職責給にそれぞれに決められたチャレンジ係数を乗算し，本年限りの役割給と名称が変わるが，この役割給に成績査定を行い2年目より業績給と名称が変わる。また，職責給は職群別に習熟度（経験）により深まり，高まり，広がりのある職責グレード別に5ランク程度設定する。

　一方，各職群の職責給の額をどのようなレートで設計すべきかが課題であるが，基本的にはその企業のニーズや権限と責任の多寡によって決定すべきである。時代ニーズでいえば一般的には専門職が最も高く，次いで管理職，専任職の順としている企業が多いようである。つまり，そのときの役割の大きさ次第で決めることになる。

　さらに，役割給は成績査定係数を乗算しメリハリのある可変性豊かな業績給にすることもできる。こうしなければならないという一定の公式はない。各企業のニーズや人材活用の政策によって格差付けをすることになる。決定にあたっては自社の賃金実態をベースに管理職群と専任職群，および専門職群の格差を編み出し一定のバランスとリズムによって決めることになる。

(2)　職能給と業績給の選択

　賃金のメインは社員の成長を期待する職能給であり，これに上述のように役割給に成績査定を行い，役割給を業績給に名称変更をして，基本給を職能給と業績給で構成する。職能給と業績給の構成割合は，職能給60％に対し業績給40％が賃金の安定性からも適切である。

　基本となる職能給については，一般社員から連続させて設計するか，それと

も再編成するかは業績給の割合をどう決めるかによって必然的に決まる。職能給は平均で60％，業績給は40％が，妥当な割合であるが一般社員から連続する年齢給の原資がある場合はその原資をいったん職責給に置き換える形で職責給にチャレンジを加え役割給へ，そして役割給を成績査定して，業績給へ変化させる賃金移行がスムーズなやり方である。

　業績給導入の留意点は職務拡大や選択が自由であること，また業績把握ができる時間外適用除外者である。とすると業績給適用対象者は課長クラス以上の上級管理者，または研究開発マン，営業マンなどに必然的に絞られる。

(3)　年俸制の選択

　年俸計算にあたっては，まず年俸計算の基になる基本給，すなわち年俸では手当の概念がないので，これらの諸手当を職能給と役割給，または職能給と業績給に加算包括して年俸を計算する基準賃金を作成する。日本型年俸のスタイルは，安定部分を設けた基本年俸と業績によって変動する業績年俸の２つに分けて計算する。

　基本年俸は確定年俸として計算し，業績年俸は業績反映変動年俸として賞与支払い時に支給するケースが多い。

　このように，安定部分（確定年俸）を持つ年俸支払い形態を日本型年俸と呼んでいるが，年俸のすべてを業績による可変性自由な年俸として設計するなど年俸スタイルは企業ニーズにより，いかようにも設計できる。

　日本型年俸は，基本年俸を（役割給40％＋職能給60％）×15カ月（固定賞与３カ月分を含む）で計算し，これに業績年俸｛業績反映賞与（２カ月分前後）｝を加えて計算するのが一般的である。

　しかし，年俸を可変性自由な完全成熟年俸としたいというのであれば，基本年俸の基準賃金の役割給を（業績給40％＋職能給60％）に変えて基本年俸を計算することもできる。

　年俸制の導入において安定性のある日本型年俸を施行するのか，それとも可変性自由な欧米型年俸とするかは企業ニーズの選択による。また，年俸か月給かを本人に選択させるのも企業ニーズにより決める問題である。

3 一般社員の賃金設計のあり方

(1) 生活を保障する年齢給

　今後の賃金設計のあり方は，「生活保障の原則」と「労働対価の原則」の2つで理論的に説明できる賃金であることが必要である。前者は生計費，後者は仕事と能力であり，これらを賃金決定基準として世帯形成，キャリア形成のピッチ（1年当たりの昇給額）を算出し，次に，生計費のピーク年齢をおさえ，モデル年齢別に年齢給と職能給のピッチ配分の計算を行う。さらに，年齢給と職能給の金額的高さの割合を年齢別に賃金の基幹年齢別に整合性をチェックしながらモデル基本給（年齢給表と職能給表）を算定する。

　賃金でいう世帯形成は生計費であり，ある一定年齢までは加齢によって生活定昇を積み上げていく。年齢別に設定した1年当たりの年齢別昇給額を誰にでも同じ額を積み上げていく賃金を年齢給といっている。

　また，キャリア形成とは職務・役割遂行能力であり，これらの能力を具現化するために職務調査を行い，課業・役割業務を洗い出し，職務・役割遂行能力を明確にする。これらの能力を受けとめた賃金を職能給といい，また能力の成長（習熟能力）を受けとめた賃金を定昇といっている。

　さて，職能給の賃金体系は年齢給をベースに基本給を構成する定昇制のある賃金である。この基本給体系は係長以下，ホワイトカラーの一般職員に適用する賃金で，職能給の機能は賃金を上げるか，止めるか，2つにひとつの選択肢しかない。職能給は賃金を下げるベクトルは持たない。したがって，能力が陳腐化しても賃金を下げることができないのが職能給の問題点だとの批判がある。

　しかし，この職能給適用クラスの留意点は生計費の維持拡大が大切であるので，生計費は人事院の最低生計費をにらみながら，わが社の最低保障賃金をいくらにするかを検討することによって，必然的に年齢給の上限額が決まる。何歳で，いくらを最低保障をするのかというように，年齢別生計費カーブを検証し年齢給の上限額を算定する。

　したがって，この年齢給の上限を上回る賃金は職能給部分の原資となる。職

能給は習熟昇給と昇格昇給によって構成され，生活体系（生計費＝年齢給）の上に乗り，一定の広がりを持つ。

これからのあるべき賃金体系再編成の方向は，従来の単一画一的な年功的な賃金（初任給に毎年の昇給を積み上げる賃金）から，ライフサイクル別に世帯形成とキャリア形成に区分した理論的な賃金体系に切り換えることが必要である。基本給は，完全習熟年齢といわれる40歳までは昇給制度を持つ内容で構成する。

したがって，41歳以上者には年齢給定昇および職能給の習熟昇給の定昇をストップして，年齢給の原資は職責給に名称変更を行い，また職能給の習熟昇給の定昇は昇格昇給に上乗せし，上位等級に昇格したときに昇格昇給（臨時昇給）を獲得し，賃金が上昇する実力・成果給的性格を有する賃金に転換をすることが望ましい。

この年代の基本給体系は，職責給と職能給の２つをもって構成することが適切である。

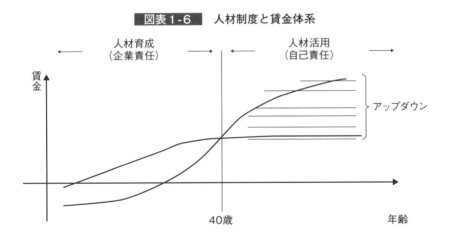

図表1-6　人材制度と賃金体系

すなわち，41歳以降の賃金設計は仕事基準賃金に切り換えることが国際競争力に打ち勝つ唯一の方策でもあるからである。人材活用の年代の賃金は，能力のプロモートがあった時点で昇格が発生する。能力は定期的に高まらないから

昇格昇給は臨時昇給である。定昇は係長以下組合員の大部分が恩恵を被るもので，それ以外の昇給はすべて臨時昇給となる。

しかし，年齢給（生活昇給）の40歳ストップについては，労使協定の合意取り付けが難航される場合は一定の生活水準に達する55歳までは維持して，55歳以降は世帯縮小に伴って若干のマイナス，これが難しいのであれば，横ばいカーブで60歳まで維持することもやむを得ない。

また，65歳または70歳までの雇用継続を約束するのであれば，労働条件の全面的な見直しが必要になろう。賃金に絞っていえば年齢給はもはや必要がないし，年齢給は世帯縮小期の55歳以降は若干のマイナス定昇とし，60歳到達時点で年齢給の原資を職責給に名称変更し可変性豊かな賃金とすることが望まれる。

ここにいう職責給とは仕事基準賃金に転換することを意味し，仕事に値札をつけた賃金であり，主にホワイトカラーを対象にした賃金である。一方，ブルーカラーの賃金を職務給と呼んでいる。どちらも，仕事基準賃金であるが，職務給適用者は原則として人事異動はなく，限定職務に従事するブルーカラーが対象者になる。

(2) 同一資格，同一賃金体系

ホワイトカラー対象の賃金設計の留意点を挙げれば，次のとおりである。
① 男女同一の賃金体系とする。
② ライフサイクルのミニマムは年齢給と家族手当をもってカバーする。
③ 職能給は同一資格，同一賃金，年齢給も職群に関係なく1本とする。
など，賃金設計の基本原則を踏まえた再編と見直しが求められる。

さて，職能給は先にも触れたように別名，能力開発賃金ともいわれている。日本の賃金は社員は成長するという期待感を持った社員成長処遇賃金でもある。この社員成長処遇賃金を略して社員給というが，この社員給は現在の仕事基準時代のニーズからいえば劣勢である。

能力開発基準が曖昧だと年功主義（学歴，性別，勤続，労職身分など）に必然的に流れる。能力は職能資格制度（課業・役割業務一覧，職能・役割要件書）によって具現化されるので，能力主義を推進するのであれば必ずメインの課

業・役割業務一覧表とメインの職能・役割要件書は整備しておくことが望まれる。

年功賃金から職能給への切り替え

職人芸といわれる人々が多数いた時代があった。経験（勤続）のある者は仕事が出来る人々であったのである。学歴，経験を能力の代理指標として使った1960年から1975年に至る時代の物語りである。

(1) エリート賃金とは

大卒者は，入社時からエリート社員として特別教育を受け，また人事賃金処遇面でも優遇をされた時代があった。

日本の人事，賃金制度の変遷を見ると，おおむね15年刻みで変わっていることがわかる。先に述べた1960年～1975年は，戦後の経済復興からようやく立ち直ったばかりで，まだ生活第一の時代であった。賃金は年齢別生計費をベースに右肩上がりのカーブで上昇し，日本の経済成長率は，8.2％の高度成長期（昭和元禄）にあった。

その後，学歴，経験の人事は，オイルショックやバブル景気崩壊等の影響で終焉を迎え，一般企業は年功から能力主義人事にパラダイムを急ピッチで転換せざるを得なかったのである。一方，免許産業といわれる病院などは診療報酬制度に守られ，また優遇税制を受ける保護産業であったので，現在まで年功人事で生き残ることができたといえよう。しかし，昨今の医療費赤字問題は国家財政の破綻に直結する一大事であり，政府は，今，聖域を設けず，財政再建のための医療費改革案を次々と打ち出している。

さて，病院経営の重要ポイントのひとつに人件費管理の問題がある。ここでは特に人件費管理にポイントを絞り，これからの賃金のあり方や支払い方を考えて行くことにする。

(2) 人事トータルシステム

学歴，性別，勤続等をファクターにする年功基準はわかりやすかった。わか

りやすい基準をベースに，皆平等主義で処遇を受けてきた。しかし，年功人事では，どんなに優れた組織でも，皆，緊張感がなくなる。

そこで努力する者が報われる逆転可能な能力主義人事に切り替えることが焦眉の急になる。しかし，能力とは何か，能力とは目で見ることも，手で触ることもできない。人事でいう能力とは人間的，全人格的な能力ではなく，その企業が全社員に期待し求める職能像，人材像のことをいっている。期待像とは職種別等級別に求める職務遂行能力であり，また人材像とはその企業が求める人間性，社会性，使命感，気力など人間的魅力といわれるもので，これを人材要件ともいっている。したがって，能力主義の評価，育成，活用，処遇の内容は企業によって異ったものとなる。

さて，この能力主義を導入するためには職能資格制度の確立が必要になる。この職能資格制度は等級基準，職務基準，職群基準の３つのパーツで構成されている。等級基準は職種別等級別の職能・役割要件書として明示され，職種別等級別にどんな仕事がどの程度できなければならないのか（習熟要件），またそのためにはどのような勉強をしなければならないのか（修得要件）の２点で明確化される。

この習熟要件，修得要件を作成するためには職務調査を行い，わが社の仕事を落ちなく洗い出し，次にその仕事をこなすための能力（職務遂行能力）を明確化するという２段構えのステップの調査が必要である。

医療機関は多職種社会的専門集団であるが，職能資格制度のフレームは１本で作成し，１本の旗の基に全職員が集結するようにする。こうすることによって医師をはじめ他職種の全職員は同一資格であれば偉さは皆同じとする。

しかし，賃金は社会相場の影響を強く受ける社会的職種群であり，同一資格別立て賃金として設計しなければ，人材の確保と定着管理は難しい。

第二の職務基準とは，等級基準をメニューして，上司と部下が今期の目標を期の初めにお互いに膝を交えて話し合う。合意した目標を職務基準という。

第三の職群基準は，役割基準と人材要件の２つで構成されている。役割基準には役割昇進と仕事昇進の２つがある。役割昇進とは部下掌握育成の役割をメインとする管理職昇進であり，もうひとつの仕事昇進は企画開発を担当する専

門職昇進と，この道一筋に歩む業務推進の名手といわれる専任職昇進の2つがある。

ここで，管理職の人材要件を例示すれば，判断決断力，部下掌握育成力，人間性，社会性などが必須要件になる。

(3) 賃金のメインは職能給

すでに何度も述べたように賃金には2つの性格があり，日本の賃金は能力のありなしで決める職能給，欧米は仕事の成果で決める成果給である。日本では人事異動があり，仕事で賃金を決める職務給スタイルの導入は難しい。職能資格制度で人材をしっかりと育てて，その能力の伸びに応じて賃金を上げていくという職能給が日本の風土に良く似合う。

しかし，職能給にはデメリットもある。職能給は能力開発賃金といわれるように，若いうちにはその機能を発揮するが，能力が陳腐化しても賃金を下げる機能がないことである。職能資格制度をベースにする職能給は降格なしの大原則があり，いったん上げた賃金を下げることができないのだ。これに対して成果給は上げる，止める，下げる，の3つの選択肢のベクトルを持つ。経営者は，そのうち良い成果を出してくれるだろうという期待像だけでは，賃金を上げる事はできないという。

そこで，人材が育った41歳以上者や部課長になったら，役割目標の高さとその成果によって支払う役割給（日本型成果給）を導入することが，これからの賃金として望ましいといえる。役割給は能力を固めた上に成り立つ概念であり，職能給が先，役割給が後になる。

役割給（日本型成果給）の特色は，実力や成果が落ちれば賃金も下がるのは当たり前とする考え方がある。この点が職能給と異なる点である。中高年の能力と仕事のミスマッチが問題に取り上げられるが，役割給に切り替えれば両者に負担はない。部課長になったら一般社員と違い賃金も高いし，役割に見合った，また役割以上の仕事をしなければ経営は成り立たず役割給の選択は必然の結果である。

第2章 年功に代わる能力主義人事・賃金への転換

● 年功に代わる能力主義人事の構築

1 職能資格制度の設計

　能力主義人事制度を施行するためには，能力を具現化しなければならない。その手段，方法が職能資格制度の設計と導入である。

　この職能資格制度は縦軸には職種を，また横軸には資格等級を設定し碁盤の目を作る。この職種別，等級別の碁盤の目ができたら，この碁盤の中に仕事（課業）を当て込み，その仕事を遂行するための能力を洗い出す。この能力は職種別，等級別職能要件書としてまとめられ，習熟要件，修得要件として明確化される。その具体的な内容は次のとおりである。

(1) 職能資格制度とは

　能力で人を処遇するためには，能力の明細表（等級基準表）を作成しなければならない。可能な限り主観を排除した客観的な「企業が期待し求める人材像の明細区分」が必要である。その人材像の明細は職能資格制度であり，これを人事諸制度の目標軸として位置づけ全社員に公開することが必要である。

　社員各人はこの目標に向かって能力を高め，仕事を高め，生涯にわたってキャリア形成に努力をする。制度設計は職務調査を実施し仕事を系統別，難易度別に整理し，その仕事を遂行するための能力（知識，技能，資格免許など）を一覧表にまとめた等級基準（職能資格制度）を作成，公開し，それを目標軸として各職員は頑張ることになる。

この基準がなければ職能資格制度は起動しない。また適正な「昇格管理」もできないことになる。

　それでは昇格管理の中身とその内容，また，昇格基準の作成とその運用の仕方を見てみよう。

　昇格は「卒業方式」を原則とする。現資格等級の「職務遂行能力要件」を満たしたと判定されたときに，ひとつ上位の資格等級に昇格する。したがって，現資格等級の能力要件はまだ取得していないと考える。なぜならば高校を卒業したばかりの定期入社者（18歳）の初任格付けは1等級とし，短大卒（20歳）は2等級に，大卒者（22歳）は3等級と位置づけるのが一般的であるが，これは学歴で能力の格付を行っている。

　すなわち，1等級に格付された者も，2等級，3等級者もそれぞれの資格等級の能力を満たしているとはいえないのである。これから，それぞれの該当資格等級の職務遂行能力要件（習熟要件，修得要件，キャリア要件）の履修に努めることを意味している。

　問題は初任格付けの高卒は1等級，大卒は3等級の格付けとするが，この違いをどう説明するかである。能力主義に学歴差を持ち込むことは，望ましくないと考える人達が多い。

　学歴によって資格に格差をつける理由は，高卒者は高卒後4年間の習熟能力を身につけ，22歳になったときに大卒と同じ3等級に昇格する。この時点で大卒定期入社と全く同一の資格同一賃金となる。

　大卒者（22歳）は高校卒業後，大学で4年間修得能力を身につけて3等級に格付けられたと考えるもので，学歴差ではないとするのが説明の要旨である。

　2つ目の昇格の留意点は「昇格には定員がない」ことである。上位資格者の人数が多い少ないには一切関係がない。現資格等級の等級基準を満たせば誰でも仕事やポストに関係なく，また定員にも関係なく昇格させるのが大原則である。

　職能給は，社員の能力が高まれば確実に人件費を増大させる。これに対して，仕事で賃金を決める「職務給」や熟練・技能・経験で決める「職種給」のほうが人件費コスト論では断然優れている。ではなぜ「職能給」を採用するかである。

日本は，世帯形成とキャリア形成に基づく「和と安定」の世界である。また，前向きな各社員のチャレンジが経営を発展させると考える人間の可能性をベースにした経営である。したがって，職種によって政策的に昇格の上限を決めたいとか，昇格しては困るといった職種には職能資格制度を導入することは難しい。

(2)　職能資格制度のフレーム

　フレーム設計は能力主義人事，賃金を決める骨組み，枠組みであり重要である。この基準は各社の実態に応じて内容は皆異なったものとなる。

　フレーム作成の主な指標は，①企業の規模，②企業の将来性，③企業の成長見込み，④従業員数，⑤年齢構成，⑥管理監督者の職階数，⑦役職者の構成，⑧従業員の能力分布状況等を勘案して等級数を決めることになるが，最後に役職者がバブルで多い場合は本来の指揮命令の迅速化，組織の原則に基づいて役職職階数の削減などフラット化に改善する。

　以上の検討から，いよいよ職能資格制度のフレームの設計作業に入るが，資格等級数は企業の成長とともに従業員数，等級別人員構成の変化や管理監督者層の分布状況，等級別人員の集中箇所などを見極めながら，ある等級に長期滞留者が発生しないように留意して等級数を政策的に決めることになる。

　一般的には，企業の社員数から決める方法が多い。社員数が多いことは，それだけ複雑な仕事が多いことを意味するからである。社員数による資格等級数の目安を例示で示せば，10～100人で8等級，100～1,000人で9等級，1,000～5,000人で10～11等級，5,000人以上で11～13等級で設定するが，社員の高齢化状況によっては＋1の資格等級で考えると良い。なぜならば，日本企業の多くは年長者を何らかの責任者として処遇しているケースが多いからである。もうひとつは職能資格段階をM層（マネジメントクラス），S層（シニアクラス），J層（ジュニアクラス）の3区分方式に分類する方法があるが，こうするとM層は職階数の数だけ資格等級数が必要となる。これらはあくまでも企業の実態に応じて政策的に等級数を決めることになる。

(3) 日本の労働市場と賃金

　賃金はその国の労働市場と深い関係を持つ。欧米と日本では労働市場の成り立ちが異なる。欧米は外部労働市場が伝統的に形成されている。つまり，各人は職種，職務を定めて，その職種，職務に必要とする職業能力を提供する。そのため，労働者は職種，職務意識が強く賃金は社会的横断的な労働市場で決まる。

　一方，わが国では企業と人は社員として結びつく。人を採用し企業の中でいろいろな仕事を経験させ，教育し，能力を広げ高めていく。つまり，職種，職務は人事異動の配置の問題にしか過ぎない。したがって，日本の労働者はどこの企業に勤めているかという社員意識を強く持つようになる。

　アメリカでは職務の価値（職務等級制度）で職務給が決まる。西欧では職種別熟練度で等級が決まり職種給が決まる。日本は社員としての能力で決める社員給である。日本的人事・賃金システムのメリットは，社員の成長に視点を置いた企業内労働市場の賃金体系である。社内の能力開発，昇進，昇格が人材の活用，定着，労働意欲の向上に優れた有効性を持つ。

　人が仕事を創るという日本のフレキシブルでクリエイテイブな経営は，良好な労使関係を作り上げてきた。企業の中で人材がよく育ち，雇用の安定，生活の安定も高い。これは日本の人間基準人事・賃金の特質ともいえるものである。

2 年功処遇制度の見直し

　賃金を決める要因は，労働力の供給価値という側面と労働力の需給価値という側面の２つがある。もうひとつは，その労働力はどれだけ新しい価値を作り出すことができるかという生産性の側面を考えることが大切である。

　しかし，これらの賃金を決める要因は経済環境や労働情勢によっても絶えず変化する。このように賃金を適正にかつ確実に決定していくためには，絶えず変化と賃金の結びつきについても考えて行かなければならない。

(1) 能力主義と年功処遇

　社員を処遇するには肩書（偉さ）と賃金の2つがある。企業の肩書がそのまま社会的にも通用する。したがって，企業の中でどのような地位・肩書であるかは本人にとっても家族にとっても一大事である。特に，肩書は賃金，処遇を行うベースであるので大切である。したがって，この肩書を上げる基準を明確にすることは，働く者にとっては一番の関心事である。従来，わが国では年功がこれらの処遇基準のメインになっていたのである。年功については既述のとおり，勤続，学歴，性別を基準にした擬似的能力主義人事であった。

　すなわち，能力を真剣に見ずに，勤続の長い者は仕事にも習熟しており，また学歴のある者は皆，知識が優れていると能力を短絡的に査定をしたのである。一方，性別基準もわかりやすい基準であった。男は女より能力があり優れている。このように，勤続，学歴，性別をファクターとする年功基準も能力主義の代理指標として活用されたのが1960年代であった。

　しかし，これらの基準は新しい時代環境の流れの中で大きな矛盾を含んでいたことは明らかである。まず，誰でも大卒という高学歴化時代になった。第二には，勤続（経験）のある者は本当に仕事ができるのかである。ME，ITを活用する事務処理のスピード化についていけない中高年者も多い。第三に産業構造の変化の中で，仕事に男女差がなくなったことである。

　勤続で賃金を決めるのであれば勤続給（経験給ともいう）であり，学歴で賃金を決めるのであれば学歴給であり，高卒，短大卒，大卒によって初任給が異なり，この初任給はそれぞれ定年まで継続される。初任給は学歴差によって異なるとしても，能力主義導入企業においては，能力が同じであれば高卒者であっても22歳時には大卒初任給と全く同一資格，同一賃金となるが，年功主義人事では生涯にわたり学歴差が温存されることになる。

　一方，男女差は大卒男子の賃金と大卒女子の賃金というようにモデル賃金が設計される。しかし，これでは男女雇用機会均等法違反となるので総合職の賃金，一般職の賃金というコース別の賃金で対応し，コース別の賃金が実質，男女別賃金の隠れ蓑になっている企業もある。法律違反といわれても仕方がないことである。

(2) 能力開発賃金の仕組み

　人事異動と賃金の関係や能力開発と賃金関係はどのようなシステムになっているのであろうか，次に検証をして見たい。

　能力開発という言葉の意味も良く理解しないまま，能力開発という言葉を多くの企業では安易に使っている。しかし，部門別，職種別に具体的に何を能力開発すべきなのかわからないようでは，事は一向に進まない。すなわち，職能給（能力給）は別名で能力開発賃金というように，職能資格制度をベースにして，能力開発を進め，そして賃金も決まる。

　能力主義賃金のことを一般的に職能給というが，職能給は習熟昇給と昇格昇給の2つで構成されているのは既述のとおりである。

　まず習熟昇給だが，同じ仕事に2年から3年，毎日従事していれば，誰でもその仕事に習熟する。その能力開発を受けて，賃金も習熟昇給という形でその努力に報いることになる。これが通常，巷でいう定昇である。しかし，この定昇も人によって能力開発の程度が異なることから，知識，技術，技能，仕事の質・量等について，各人が在級する資格等級に期待し，要求される職能像に対して，その充足度評価を行う。この評価は通常S〜Dの5段階で行われる。

　Sは「抜群の能力を持っており上位等級に今すぐに昇格させてもA評価が取れるほど優れている」A評価は「申し分ない，その等級に期待し要求する職務遂行能力をはるかに超えている」。B評価は「その資格等級に期待する職務遂行の能力を満たしており，期待どおりである」など，評価は，人により異なり，習熟昇給額はそれぞれ違ったものとなる。

　すなわち，習熟昇給は部門別，職種別に初号から上限の号俸までのレンジで設計されるが，能力の伸張は学校の学年と同じく，入学と卒業というように習熟能力には習熟幅がある。

　一方，職能給の昇格昇給は，各人に期待し要求される資格等級の職務遂行能力を満たせば，卒業方式のルールによってひとつ上位の資格に昇格する。この能力開発の結果を受けて，賃金も現資格等級の職能給に昇格昇給を加えて，上位資格等級の直近上位の職能給額にスイッチされる。能力の高まりは，人によって異なり定期的ではないので，この昇格昇給のことを臨時昇給といってい

る。

　また，広義の能力主義人事における能力開発は，役職昇進や人事異動までを含めて職能資格制度をベースにトータル能力主義人事制度としてシステム的に展開される。能力開発とは，今，自分が従事している職種の職能資格等級の職能や役割の充足度の範囲だけではない。1職種だけの職能のマスターでは，これからの高度ME，IT情報化時代に生涯現役で生き残ることは難しいだろう。

　職能資格制度の中身は，下位資格等級者は定型的日常補佐業務や精精，熟練定型業務を中心に遂行する職務遂行能力が求められるが，役職に登用される上位資格等級に昇格するにしたがって，判断力や企画立案力を必要とし，問題解決業務に係わる役割業務や方針展開業務へと順次シフトしていく。

　役割業務とは権限と責任を必要とする仕事を意味するが，賃金には役付・管理職手当が付与される。部課長になるためには，いくつかの異職種や職務の経験を必要とする。部課長は経営管理者として広い視野から経営を考える人であるからである。

3 賃金体系の種類

　賃金制度の構築にあたって，わが社ではどのような賃金体系を選択するのか企業の判断が必要になる。賃金体系には能力主義による労働力対価給と成果主義による労働対価給の2つがある。人間基準賃金（Personnel基準）には年齢給，勤続給，年功給，職能給，職種給の5つがあり，仕事基準賃金（Job基準）には職位給，職務給，職責給，役割給，業績給，成果給の6つがある。

　これらの賃金を決める要素とその定義をまとめると次のとおりである。どれだけやったかに対する「業績給」，今何をやっているかで決める「職務給」は，いずれも仕事基準賃金である。一方，ある職種の仕事をどのくらいできる人であるかで決める賃金を「職種給」というが，この賃金は仕事と人間の両基準賃金である。また，社員として何がどのくらいできる人かで決める賃金を「職能給」または「年功給」といい，いずれも人間を基準にしている。

　このように，賃金体系は仕事基準と人間基準と両者のミックス基準の3つが

あるということになる。仕事基準賃金を労働対価賃金，人間基準賃金を労働力対価賃金ともいっている。

J基準賃金は仕事に値札がつき，P基準賃金は人の背中に値札を張る賃金であり，J基準賃金は仕事が変われば賃金も変わる。一方，P基準賃金は仕事が変わっても賃金は変わらない。人に値札が付いているからである。

図表2-1　賃金体系の種類

区分	賃金名	賃金を決める要素	定義
人間基準賃金（能力主義）	年齢給	年齢（生活保障，生計費）	年齢を基準（年齢別生計費）にした賃金
	勤続給	勤続年数（経験の長さ）	職務経験の長さで支払う賃金
	年功給	学歴，性別，勤続（経験）	学歴，性別，勤続年数で支払う賃金
	職能給	職能資格制度，職務遂行能力	職務遂行能力の伸長に応じて支払う賃金。原則として降給，降格なし
	職種給	職種別資格制度，職務遂行能力	職種別熟練度の職務遂行能力の伸長に応じて支払う賃金。原則として降給，降格なし
仕事基準賃金（成果主義）	職位給	実力等級制度，ポストの価値	ポストの価値により支払う賃金
	職務給	実力等級制度，職務の価値	職務の価値により支払う賃金。職務の価値が上がらなければ賃金も上がらない。
	職責給	実力等級制度，職責の大，小	職責の大小により支払う賃金，仕事の守備範囲，困難度に対して支払う賃金
	役割給	実力等級制度，役割の大，小	職責に目標のチャレンジ度を加えた役割の大きさに対して支払う賃金。
	業績給	実力等級制度，業績（役割の達成度）	役割の達成度に対して支払う賃金。（業績給＝役割給（職責給×チャレンジ目標）×役割の達成度評価）
	成果給	実力等級制度，成果（利益など最終成果）	経常利益など最終成果に対して支払う賃金。（成果給＝業績給＋貢献度給）

仕事基準賃金は刺激性は高く定昇はなく，人件費の適正さといった点からは優れている。適正人件費管理から考えれば，職務給や業績給を選択することが望ましいといえよう。

一方，人間基準賃金である年功給は時代感覚から問題があるとして，職能給や職種給は刺激性や人件費の適正さでは劣るが，安定性では優れており，特に

年功に代わる能力主義人事・賃金への転換

図表 2-2　職能等級制度・役割等級制度の概要（例示）

職能資格役割等級・複線型職群フレーム

層	職能資格等級	資格呼称	理論（エリートモデル）	管理職	専門職	昇格方式	職群	役割等級	役割定義
管理専門職能	10	ゼネラルマネジャー(GM)	48歳	部長		入学方式	契約管理職／契約専門職	V professional skill	会社全体の経営を司る管理責任者で経営戦略業務を遂行
管理専門職能	9	マネジメントマネジャー(MM)	43歳⑤	副部長	専門部長	試験	契約管理職／契約専門職	IV advance skill	業務管理責任者やスタッフ・専門職集団グループの責任者業務を遂行
指導監督職能	8	マネジャー(M)	39歳④	課長	専門課長		契約総合職／契約専能職	III upper skill	管理監督・専門職としてチームをリードする計画的な課題遂行の責任者業務を遂行
指導監督職能	7	セクションチーフ(SC)	35歳④			試験	総合職／契約総合職／専能職		
指導監督職能	6	チームリーダー(TL)	31歳④	係長				II middle skill	高度な熟練や専門知識によって判断業務を遂行する裁量的な仕事（熟練、判断指導業務を遂行）
一般職能	5	リーダー(L)	28歳③			卒業方式	契約一般職		
一般職能	4	アシスタントリーダー(AL)	25歳③					I beginner skill	指示された仕事を忠実に実行する定型的・補佐的な仕事及び担当者としての自己判断と責任を要する仕事（含む定型）業務を遂行
一般職能	3		22歳③大卒				進路選択職群		
一般職能	2		20歳②短大卒				進路選択職群		
一般職能	1		18歳②高卒				進路選択職群		

人事異動の自由性，仕事の創造性といった点では優れている。職種給は同一職種の中では職務は変わっても賃金は不変だが，職種が変われば賃金は落ちる。

したがって，賃金の安定性，柔軟性，やりがいからすれば職能給が一層優れているといえる。

どの賃金を選択するかは政策やニーズの問題ではあるが，ここでは日本的雇用慣行の特質を活かす職能給の構築を中心に，さらにその職能給に成果主義賃金を付加する形の賃金体系について述べることにする。

職能給導入のためのベース作り

職能給は人間の成長の側に視点を置く，人材の評価，育成，活用，処遇の好循環サイクルを回す人間基準賃金である。

職能給を導入するためには，そのベースになる職能資格制度のフレームを作成することから始まる。同時に，職務調査を併行実施し職種別資格等級別に課業・役割業務を洗い出し「職能・役割要件書」を作成，職能資格制度の中身（内容）を作成する。職能資格制度の実務，留意点は次のとおりである。

(1) 等級数の設定

先に触れたように，職能資格等級制度の等級数は企業の置かれている諸条件に即応して設計することになる。

職能資格制度は企業の成長とともに社員数，資格等級別人員構成の変化や管理者層の分布状況，および資格等級別人員の集中箇所などをよく見極めながら，ある資格等級に長期滞留者が発生しないように留意して等級数を決めることになる。

もし，ある資格等級に滞留傾向が見られるならば，上位資格等級と該当の長期滞留者の等級の間に新たな資格等級段階を設ける。資格制度がスタートした後にも，これらの作業は精度の維持，活性化のために必要不可欠なメンテナンス作業であり，企業政策により常時見直しが必要である。

等級数の決め方には，絶対的な公式はない。役職職階数は5つは必要と政策

として決めれば，これだけで5つの等級数が必要になる。これに一般職能のランクで4つぐらい必要と考えれば，計9等級制となる。

　等級数を決めるポイントは社員数と役職職階数の2点である。役職は，管理・専門職能（M）と指導監督職能（S）に2区分してセットする。等級数を小刻みにし過ぎると，職能の違い，習熟レベルの違いを細かく洗い出さなければならないので大変である。また反対に，等級数を大ぐくりにすると等級レベルの違いが不鮮明となる。これらを良く考えて，また企業の実態を見て決めるのがやり方である。

図表2-3　等級の数（社員数）

```
5,001人〜 ……………… 12〜13等級　　＋1
1,001人〜5,000人 …… 10〜12等級　　職員の高齢
  201人〜1,000人 ……………  9等級　　化状況
  100人〜  200人 ……………  8等級　　によっては＋1で
                                      考える

通常平均年齢が35歳を超えるか超えようとしていれば＋1で
考えるのが適切
```

① 資格呼称とは

　自分が何等級に格付けされたかは，その人の企業内での能力グレード（本籍地）と社会的なステータスを表したものとなる。資格等級はその人の処遇そのもので，人事賃金処遇の基本軸となる。したがって，資格呼称はできるだけイメージの明るい，モラルアップにもつながる，他に誇れる名前を選びたい。

　部長格，副部長格，課長格の使用は社会的ステータスとしてわかりやすい。しかし，管理職と混同するというのであれば，部下を持つ役職者には頭書き（名前の上に書く役職名）に「統括」を付け，「統括部長」「統括副部長」とすればよい。資格呼称は特に金銭とは関係ないので，とびっきり上等な名前を名詞肩書きとして使えるように考えたい。ただ，留意点は社内秩序を乱さない取り決めが必要である。社内では，役職名では呼ばないなどの統一化が必要である。

資格にステータスを持たせることによって、昇格（処遇）と昇進（配置）の分離を進めることができる。また、賃金処遇と配置のいずれも安定的に運用することができる。一方、能力や適性があってもポストがなければ役職には就けないが、資格というベンチに入ればステータスは十分に満たすことができる。

こうすることによって、役職に就いている者でも適性や能力が落ちれば、そのとき自由自在に降職し資格呼称で名誉を保つことができる。これも資格をメインのステータスにした効用である。

② 等級定義とは

職能資格段階における習熟、修得レベルの発展段階のイメージを表している。等級内容の概略であるので抽象的に記述してあるのが一般的である。職能資格等級内容の理解ができるようにポイントを押えて記述する。

(2) 初任格付け

学卒者の初任格付等級の設定は、一般的には高卒定期入社者は1等級に格付し、短大卒は2等級に、大卒者は3等級に格付する。大卒者の3等級格付は4年間の修得能力（4年間の履修科目を修了したと考える）を満たしたと考える。

したがって、初任格付けによる学歴等級格差は修得能力と習熟能力とを満たし、格付けしたものと考える。しかし、企業によっては、トップの判断ですべて1等級に格付してスタートをしたいなどの要望もあるとするならば、初任給が異なる分だけ、職能給の号俸の位置づけを変え、短大卒は高卒より先に、大卒は短大卒より先の号俸に位置づけてスタートする方法もある。

(3) 対応役職位の設定

職能資格等級と役職との対応関係を表したもので、役職に昇進するためには「昇格先行の原則」により必ず先に役職対応の該当資格等級に昇格をしていなければならない。

① 役職就任は、まず役職対応の該当資格等級に昇格し、その後に役職がついてくるという考え方を原則とする。

② 役職は下限でセットするというルールを守る。

すなわち，部長になるためには，部長の役職対応資格等級を8等級とした場合には，最低でも8等級に昇格していなければならない。どんなに能力があると認めても，7等級では部長にはできない。しかし，7等級に在級しており，係長の適性があれば係長にはなれる。係長としての職能資格等級である5～6等級をクリアしているからである。

最近の実力，成果主義の時代背景から若手の抜擢登用も行われるようになった。実力者については，必ずしも対応役職にこだわらずに代行職に登用しようという動きである。しかし，実力者登用ができるといっても，代行職になれる範囲だけは明確にしておく必要がある。このように考えると，資格は「野球」のベンチに入ることを意味し，役職昇進はピッチャーマウンドに立つことと理解することができる。

今日，一番調子のよい選手を見つけてピッチャーマウンドに送る。これが昇進の理屈である。役職登用年齢は企業の実態（役職登用年齢）に世間および他社における役職昇進年齢の動向等を勘案し，資格と役職位の位置づけを設定する。

また，資格等級と対応役職位の関係や，7等級は課長，8等級は部長というようにタイトに結びつけるのではなくレンジで設定をする。職能資格制度は能力開発制度であるからである。

(4) 等級滞留年数

この滞留年数のことを別名で経験年数というが，滞留年数を設定する意味は当該資格等級に期待し求められる習熟，修得能力を身につける必要期間として定めている。滞留年数の設定は対応役職位など企業の実態に則して決めることになる。

例えば，3年の滞留年数という意味は，この資格等級の職能を3年でマスターして欲しいという期待像を示したものである。滞留年数の明示は社員にとってもひとつの励みになる能力開発目標期間である。昇格年数には次の4つがある。

① 標準（理論モデル）年数

モデル理論年数とも呼ばれている。この年数が職能資格等級制度の設計の理論的な根拠となる。上位資格等級昇格への習熟年数を理論的に設定したものである。上位資格等級へ昇格するためには，当該資格等級を卒業しなければならない。卒業して上位資格等級に上がる。当該資格等級に求められる仕事の習熟や知識，技術の修得のためには，例えば3年程度でその等級の必要条件を満たすように期待されていることを示す。

しかし，誰でもこの年数を経れば昇格できるわけではない。この理論モデル年数は職能資格等級制度や賃金表（ペイスケール）を作る足場となるものである。賃金表を作成したら，このモデル年数ははずしておく。この理論モデルは平均とか並数（多くの者が昇格できる経過年数）年数ではないということである。

すなわち，部長まで昇進するエリートモデルとしての絵柄を描いたものに過ぎない。通常よくモデル賃金というのは，この年数に基づいて設計した賃金を指している。

② 最短昇格年数

役員候補者やスカウト人事（超エリート）以外は，この昇格年数は適用しない。どんなに能力があるとみられる人であっても，この最短昇格年数をクリアしなければ昇格できない年数として設定する。

最短昇格年数とは真の能力を把握するために絶対に必要な年数である。スカウト人事，抜擢人事に適用する年数である。また，この最短昇格年数は研鑽の年数でもあり，当該等級の期待像（習熟，修得能力）をマスターする期間として2年間が設定されている。

すなわち，この2年間は能力の復元期間としての意味を持つ。人事考課を行った場合は処遇には結びつけず，能力の成長度合いの確認参考資料とする。人事異動者や昇格者が同一部署，長期在籍者より，仕事がわからない，できない等の仕事の習熟を理由に不利な人事考課をつけられることは公平ではない。配転をした者，昇格をした者がバカをみないように，人事考課はやっても処遇

には使わないことを原則とした期間である。

③　自動昇格年数

定型業務を中心に遂行する1～3等級までは，例外者を除いて一定年数の経験により昇格する。この経験とは仕事の習熟度，修得度をいうが，勤続によって習熟，修得は順調に伸びるのが一般的である。やる気さえあれば，勤続によって成績もある程度期待できるので自動昇格とするのが一般的である。

④　最長自動昇格年数

この年数の設定は全くの企業政策，労使間の取り決めである。この年数は賃金水準，労務構成，年齢分布，平均勤続など企業実態により賃金保障は最低どこまで行うのかで決める一種の救済措置である。当年数を経過すれば誰でも昇格するので，上司はよほどの覚悟をもって各人の能力を開発しなければならない。部下を育てる覚悟を各管理者に示した年数ともいえる。

第3章 自社賃金の分析・診断
● 基本給ピッチの計算

1 自社賃金の分析・診断

(1) 自社賃金の実態把握と改善課題の抽出

　賃金表を作成するベースの職能資格制度のフレームができたら，いよいよ賃金表策定の準備に取りかかる。まず，自社の賃金の実態が現にどのような状態にあるのか，実態と問題点を把握し分析することから始める。自社の賃金は世間相場に比べて，どのような状態にあるのか，その実態と問題点を知ることが必要である。

　自社の実態を無視して賃金表を作成しても多額の原資を必要とし，新賃金移行が困難となるからであり，また新賃金表を作成することは自社賃金と世間相場との比較および企業内賃金格差の矛盾点の把握と是正が必要である。このような観点から自社賃金を分析する要点を次にまとめてみた。

　第一は，賃金表があるとして，「定昇」と「ベア（ベースアップ）」は賃金表によって区分して行われているか否かである。定昇とは，賃金表の中で各人の年齢や能力の高まりによるキャリア形成，世帯形成の成長を受け止め座席が上位号俸の賃金にプロモート（上昇移動）することをいう。したがって，定昇は賃金水準を1円も上げないが，平均賃金は労務構成に変化がない限り確実に上がる。このように，定昇は個人賃金の問題であり，ベアは賃金表の問題である。

　ベアは賃金表（ベース）の改定を意味し，ベースがなければベアはない。定昇とベアの区分があってこそ，正しい賃金決定ができるということになる。す

なわち，賃金表は労使関係を支える原点ということができる。また，定昇制度は，賃金規定に明記され確実に実行されてこそ，労使関係の近代化につながる絶対要件といえる。

　第二は，「賃金表」は人間成長の視点に立った世帯形成の賃金表（生涯生活のライフサイクル）を受け止める側面を持ち，世帯生計費をカバーする年齢給表とキャリア形成の賃金表（生涯労働を通じて仕事や能力を伸ばしていく側面の職能給）の2つが整備されているかをチェックする。それぞれが分離独立して組み立てられていることが大切である。

　第三は，「定昇の大きさ」が適正であるか否かである。今日，定昇の大きさは，産業，企業規模などによって差があるが，労務行政研究所集計による2013年企業別賃上げ状況調査では，定昇にベア〔0.03％〕を合わせた賃上げ額は次のとおりである。

　300人未満：4,897円（+1.65％），300人〜999人：4,692円（+1.58％），1,000人以上：5,233円（+1.65％）となっている。現在の日本の平均的定昇額は5,000円前後である。

　定昇・ベアの賃上げに臨む経営側のスタンス（日本経団連）は，企業の存続と社員の雇用維持・安定を最優先し，賃金などを決定する際の基本的な考え方として，所定内を引き上げると総額人件費は1.7倍に増加することに留意する必要があるとしている。

　また，賃金はじめ労働条件は「個別企業労使」が経営実態を踏まえて協議し，自社の支払い能力に則した決定が必要であると述べている。

　第四は，ベアについては自社賃金の実態分析から，基本給の賃金引き上げだけではなく諸手当，賞与一時金，福利厚生費など自社の支払い能力に基づく判断など多様な対応が考えられるとしている。

　定昇額について補足説明をすれば，定昇額は年齢が違っても，それほど大きな差はない。しかし，定昇率は年齢が高いほど賃金が高いため小さくなる。

　すなわち，定昇率は企業の規模や業種，および年齢構成によって変化し平均年齢が高いほど定昇率は小さく，低年齢ほど定昇率は大きくなる。

　企業の基本給ピッチ（賃金の傾斜）の大きさはさまざまである。その他，自

社の賃金体系の分析のチェックポイントを2～3取り上げれば次のとおりである。

- 初任給（18～22歳）から始まり，25～40歳ぐらいにかけての賃金はある一定の傾きがあるか
- 男子賃金と女子賃金が開いていないか
- 女子の賃金だけが30歳を過ぎてから離れていないか
- 管理職と一般職の賃金が開き過ぎていないか
- 中だるみ現象はないか，40歳の課長と30歳の賃金は直線になっているか
- コース別で賃金に大きな差がないか
- 中途採用者の賃金は低くないか
- 平板で，年功的賃金分布になっていないか
- 最低生計費カーブ（人事院データ）を下回っている者はいないか
- 55歳を過ぎてからの賃金は下がっていないか，横ばいなら可
- 手当はシンプルに賃金理論で説明できる内容か

(2) 平均賃金，個別賃金，個人別賃金の分析

　賃金には，賃金の捉え方がある。それは平均賃金，個別賃金，個人別賃金の3つである。

　賃金が高いか低いかは労使双方にとっても重要な問題のひとつである。この場合，高い低いは何を基準に判断をするのであろうか，それはいうまでもなく，賃金の公正な基準に対して行うのが基本である。この賃金の公正さと公平さと適正さを具体的に示したものが賃金表である。

　賃金表を作成するには，まずモデル賃金を算定しなければならない。賃金は需要と供給の対価であり，また賃金を語るとき次の3つの要件を分析することが必要になる。

　第一は，個別賃金による賃金の高さの分析検討が必要である。個別賃金とは銘柄別賃金のことをいう。すなわち，賃金には一般職，係長，課長というように労働力の銘柄別の違いがある。

　したがって，自社の個別賃金（水準）は世間相場や生計費および労働対価か

ら見て、ゆがみやバラツキはないかを検証（公平さ）することが必要になる。

　第二には、個人別賃金（格差）の「公平さ」を確認する。個人別賃金は個別賃金（賃金表）をベースに人事・賃金規定どおりにきちんと決められているか否か、ゆがみやバラツキはないかを検証する。

　第三には、平均賃金による人件費の「適正さ」を生産性や支払い能力から見て問題がないかを検証する。

　他社との賃金比較で平均賃金を見るときは、平均年齢、平均勤続、学歴、男女、労職別労働者構成、賃金項目（所定内、所定外）、臨時給与、現物給付など、平均賃金を考察するうえで参考となる判断材料をすべて併記し、同じ条件のデータを検証しなければ正しい比較はできない。そこで労働者構成を同一にして平均賃金を修正比較する（ラスパイレス式、パーシェ式、フイッシャー式など）方式や賃金傾向値表を用いるなど、平均年齢、平均勤続を修正するなどの方法がある。しかし、これらの方法で修正をしても全く同一にすることは不可能であり、平均賃金での比較には限界がある。

　したがって、賃金の高さを検討する場合は、個別賃金（賃金表）による比較が望ましいということになる。

(3) 労使による定期的な賃金水準分析

　賃金は、公正さと公平さ、そして適正さの3つの要件を満たしていることが大切であり、労使で次の定期的な検討、分析が必要になる。

　賃金の公正さ、公平さ、適正さとは実際に何をどう分析、検討をすれば良いのだろうか、その留意点を挙げれば次のとおりである。

　まず、賃金の「公正さ」を確認する第一ステップは、ポイント賃金をおさえることが大切である。ポイント賃金は基幹賃率ともいうが、次の6つの基幹年令の賃金を見れば大方、自社の賃金水準を把握することができる。

　①18歳または22歳（初任給）、②25歳（第一習熟、単身者）、③30歳（第二習熟、世帯者、指導職位）、④35歳（完全習熟、世帯者、管理補佐職位）、⑤40歳（管理職位）、⑥48歳（上位管理職、生計費のピーク点）。

(4) プロット図の作成と診断

　賃金を正しく決めていくためには，実態把握に必要なプロット図の作成が必要である。

　個人別賃金のプロット図を作って賃金の散らばりを見る。賃金プロット図は横軸に年齢をとり，縦軸に賃金額を置き該当する位置に全社員の賃金（個人別賃金）をプロットする。プロット図は性別，職種別，役職別，非役職別に記号，または色を別にして区分がつくようにする。

　賃金プロット図は「所定内賃金」で1枚，「基本給」で1枚，月例賃金のほかに賞与の何カ月分かを加えた，つまりベース年収で1枚の合計3枚が必要である。

① 「所定内プロット図」は賃金水準の分析用である。賃金の高さやバラツキ（1人ひとりの賃金）を検討するときに必要である。「所定内賃金」とは「基本的賃金」と「付加的賃金」（諸手当）で構成する。「基本的賃金」とは全社員を対象とする賃金であり，「付加的賃金」とは特定の受給条件を満たす該当者に対して支給する賃金である。

　しかし，月によって変動する一過性の手当（残業手当と通勤手当）などは含めないほうが適切である。

② 「基本給プロット図」は賃金体系の分析用として作成する。すなわち，賃金カーブの傾きやゆがみ「個別賃金」を検討するとき，基本給の高さはどうなっているかを検証するために必要である。

③ 「年収プロット図」は「月例賃金」と賞与，すなわち「臨時給与」の2つを加えた年収ベースの賃金水準を確認，分析するために必要である。「月例賃金」がいかに高くても，「月例賃金」だけで賃金が高いとか低いとかはいえない。賃金水準の最終確認は年収ベースで行うことが基本である。

　以上のプロット図に，同業他社，同地域他社，一般公表資料の準拠指標を自社のそれぞれのプロット図に書き込み，比較，分析，検討を行う。指標の中でも，生計費に関するデータとして人事院および都道府県の人事委員会が発表する「標準生計費」，「最低生計費」などは一般企業の利用度が高く，信頼性のある一般公表資料のひとつである。特に「最低生計費」のデータを基にして30〜

35歳の賃金分布がどうなっているかを確認することは、賃金の見直し、改善の重要ポイントである。

もし、この年代で「最低生計費」を下回っている者がいれば「中だるみ」現象がある。このときは、賞与源費やベアによる調整配分源費を用意し、早急に「中だるみ」是正を行うことがぜひ必要である。それでは、生計費について次にもう少し詳しく見てみよう。

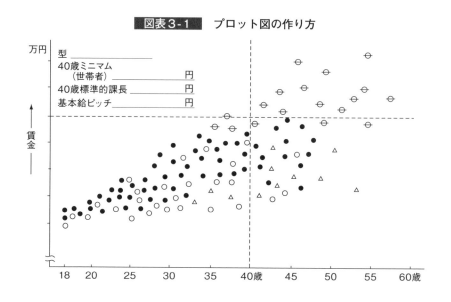

図表3-1　プロット図の作り方

(5) 生計費による賃金水準分析

賃金は労働者にとっては生計費である。生計費とは生活に必要な費用という意味で、それは世帯規模と物価と生活水準の3つによって算定される。したがって、物価や生活水準が変わらなくても、世帯規模が変われば生計費は変化する。つまり、生計費の時系列変化を捉えるためには、世帯規模の変化を除かなければ把握できないということになる。

さて、生計費には実態生計費と理論生計費の2つがある。実態生計費は各世帯が実際の生活で支出した生計費で、通常は家計調査等で把握される。わが国では総務庁統計局の「家計調査」、同「全国消費実態調査」（5年ごと）がある。

一方，理論生計費は一定の生活模型（モデル）を設定し，それに要する生計費を理論的に算出している。

　実態生計費は現実の支出を表す数値として有効であるが，現実の所得のゆがみが反映されているので，賃金を理論的に検討するベースとしては必ずしも十分な資料とはいえない。そこで理論生計費の活用ということになるが，理論生計費の性格はどのような生活を営むかを，その時点での価格を乗じ政策的に算定するので，それをベースにして現実の賃金と比較しても結論を引き出すことが難しい場合があることを理解しておく必要がある。

　理論生計費は，一般的に人事院算出の「標準生計費」や各都道府県の人事委員会が算出する「標準生計費」が良く利用されている。

　人事院の標準生計費は世帯人員別に出ているが，これを賃金と比較する場合には，賃金は一般に年齢別に把握されるので，世帯人員別数値を年齢別数値に置き換えることが必要である。それは通常，ライフサイクルの設定という形で行われる。

　ライフサイクルとは，例示に見るように29歳で結婚し，31歳で第1子を産み，34歳で第2子を産み標準世帯の4人家族になる。

　このように，家族の移動，子女学歴移動，職場での資格等級，役職移動などを踏まえたライフサイクルを設定し，世帯人員別生計費を年齢別生計費に置き換えることによって生計費の概算をつかむことができる。

　留意点は，人事院の標準生計費が捉えている支出は，毎年4月の家計調査における「消費支出」である。実際の家計はこうした生活費以外に所得税などの税金，社会保険料などの費用負担「消費支出」のほか，住宅ローン返済や預貯金などで構成されている。

　一方，賃金水準を検討する場合は，手取り額ではなく，税，社会保険料を控除する前の名目額で把握するのが一般的である。そこで，生計費と賃金水準を比較検討する場合は，少なくとも税，社会保険料などの非消費支出での部分を加味して見る必要がある。こうした生計費の修正を通常「負担費修正」と呼んでいる。負担費修正は家計調査の消費支出に対する非消費支出の比率を用いて行う。

最も新しい2014年度の家計調査〔全国2人以上の世帯のうち勤労者世帯，農林漁家世帯を含む〕によると，①非消費支出：96,791円，②消費支出：315,342円で，この数値を用いて負担費割合を計算すると「96,791÷315,342=0.307」となる。人事院の標準生計費にこの負担費割合（1.307）を乗じたものが「負担費修正後の標準生計費」となる。

　さて，生計費には通常次のようなレベルがあるが，生計費から賃金水準をチェックするためには，諸手当込みの所定内賃金（ただし，通勤交通費は除く）によるプロット図に以下の最低生計費，標準生計費，愉楽生計費，単身最低生計費の各レベル賃金を書き込んでいく。

　最低生存費（Minimum of Subsistence Level）は，人間として生きていくためのデットラインであるといえる。したがって，賃金ラインを検討する材料にはなり得ない水準を表しているため，プロット図への書き込みは行わない。

　最低生計費（Minimum of Health and Decency Level）とは，健康にして文化的な生活を営むためのミニマムレベルを表している。

　標準生計費（Normal Level）とは，さらにそれを上回るものとなり，健康と体裁に選択の余裕が十分にあるレベルである。

　愉楽生計費（Health and Decency Level）とは，かなりゆとりがある生計費レベルで，通常管理職はこの線に上下している。

　賃金と生計費を論ずる場合，そのレベルは最低生計費（最低健康体裁水準）か標準生計費（正常健康体裁水準）ということになる。

　なお，人事院では標準生計費だけを算出している。他の生計費は日本賃金センターの想定で算出したものである。

　生計費から賃金水準をチェックするポイントを挙げれば次のとおりである。

① 世帯者の賃金分布が標準生計費ラインに達しているか
② 世帯者は少なくとも最低生計費ラインをクリアいているか
③ 管理者の賃金分布は愉楽生計費ライン（ゆとりある生活）を上下しているか
④ 30から35歳の働き盛りで最低生計費ラインを下回る中だるみ現象はないか
⑤ 単身者で単身最低生計費ラインを下回る人はいないか

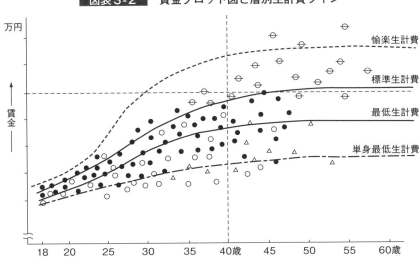

図表3-2　賃金プロット図と層別生計費ライン

　以上が生計費による比較分析の方法であるが，留意点は，これらの生計費には賞与（生活固定部分）が包括されている点である。

　したがって，この賞与部分を層別生計費×95％で除去し，この修正生計費で自社の個人別賃金（所定内賃金）を比較検討するようにする。それでも，この修正最低生計費を下回る者がいる場合は，自社の賃金水準の改善が必要である。

図表3-3　全国の費目別・世帯人員別標準生計費（2015年4月）　　（単位：円）

費目＼世帯人員	1人	2人	3人	4人	5人
食料費	27,800	34,050	45,800	57,550	69,300
住居　関係費	43,190	58,260	50,360	42,460	34,560
被服・履物費	4,740	5,950	7,830	9,700	11,580
雑　費Ⅰ	27,370	36,890	56,030	75,190	94,340
雑　費Ⅱ	11,620	23,740	27,100	30,450	33,800
計	114,720	158,890	187,120	215,350	243,580
参考2014年4月	121,200	179,580	199,600	219,630	239,660
増減差	-6,480	-20,690	-12,480	-4,280	3,920

出所：賃金事情，2015年9月20日号。22頁。

図表3-4 標準生計費の負担費修正と各種生計費の推定（全国）　（単位：円）

	1人世帯 （18歳）	2人世帯 （28歳） ＊26歳	3人世帯 （32歳） ＊30歳	4人世帯 （36歳） ＊35歳	5人世帯 40歳
人事院標準生計費〔A〕 （2015年4月）	114,720	158,890	187,120	215,350	243,580
負担費修正生計費（B） （A×1.307）	149,939	207,669	244,566	281,462	318,359
（参考） 2014年4月の負担費 修正生計費	157,924	233,993	260,079	286,178	312,277
増減差	-8,444	-26,959	-16,262	-5,577	5,108
愉楽生計費	179,927 (B×1.20)	280,353 (B×1.35)	339,947 (B×1.39)	416,564 (B×1.48)	477,539 (B×1.50)
最低生計費	119,951 (B×0.80)	166,135 (B×0.80)	195,653 (B×0.80)	225,170 (B×0.80)	254,687 (B×0.80)
単身最低生計費	119,951 (B×0.80)	141,215 (B×0.68)	158,968 (B×0.65)	174,507 (B×0.62)	191,015 (B×0.60)
最低生存費	112,454 (B×0.75)	124,602 (B×0.60)	134,511 (B×0.55)	146,360 (B×0.52)	159,180 (B×0.50)

（注）愉楽生計費，最低生計費，単身最低生計費，最低生存費の各修正係数は日本賃金研究センターの想定で算出したもの。世帯区分の（　）内の年齢は人事院による推定。
　　　＊印年齢は日本賃金センターで用いているもの。
出所：賃金事情，2015年9月20日号，23頁。

2 賃金体系選択にあたっての診断

　賃金設計を行うには個人別賃金プロット図（基本給，所定内プロット図の2枚）を作成し，その分布型の確認から賃金体系を決め，そして基本給ピッチを計算する手順で順次作業を進めることになる。それでは，手順に沿ってその流れを次に説明をしよう。

　賃金設計にあたっては，先ず個人別賃金分布状況の確認をすることがスタートになる。賃金の分布図（プロット図）を見れば，賃金体系のあり方など，その対応の仕方がわかるからである。プロット図を描くとその企業の分布図形

（パターン）ができるが，多くの企業の分布図形を分析整理していくと，いくつかのパターン（楠田丘氏）に分けることができる。

(1) 賃金体系診断の仕方

プロット図の分布型とその特徴から，目指す賃金体系の判定と賃金表作成の材料が得られる。なお，中途採用者とは一般的には30歳以上，勤続3年未満を中途採用者とみなしているので，この基準でプロットすればよい。このようにして作成したプロット図を分析診断する。

① 年齢給が導入できるか否か，それに伴う基本給の構成
② 40歳最低保障賃金の設定と年齢給ピッチの計算
③ 基本給ピッチの計算
④ 中だるみ，女子賃金，中途採用者の賃金是正
⑤ 職能給賃金表の選択

(2) 分布の類型と特徴

賃金分布型はA型からH型の8種類に分けることができる。自社の賃金分布型はどのような型に該当するか把握しておくことが必要である。そこで，賃金分布型の特徴を次に見てみよう。

A型分布は，標準型といわれる型で，管理職と一般男子が少し重なっており，全般的に右上がり分布になっている。また，女子賃金が男子賃金と重なりあっている。これらのタイプの企業においては，比較的スムーズに職能給や年齢給を導入することができる。

この標準型を示す企業においては，まがりなりにもこれまで職能給を取り入れてきた企業や，年齢給や，勤続給などの並存型の基本給を採用している企業などに見られる型である。

B型は，管理者の賃金が一般男子と離れてかなり高く全般的に右上がりになっている。

職能給の導入にあたっては，ひとつの流れの中で設計することは難しいので，まず一般職クラスを作り，その後で管理，専門職クラスの賃金を作り，賃金格

差を昇格昇給で結んでひとつの流れにする。

C型は，30代，40代の一般男子においても高卒初任給並みか若干上回る程度の低賃金が存在し，逆に同年輩でも高卒初任給並みか若干上回る程度の低賃金が存在し，逆に同年輩でも数倍の開きのある高い賃金の人がいる。すなわち右上がりになっていないので，このタイプは生活保障の年齢給と労働対価の職能給のバランスのとれた賃金体系を組み立てることは難しいため，年齢別最低保障ラインを設けることに留意するとともに中高年層や中途採用者の賃金の底上げを年々行うことが必要である。

D型は，職種や部門によって分布領域が異なる社員，準社員，本社部門と生産部門などで，賃金の決定や運用の仕方が異なっているなどに見られるパターンである。分布が右上がりならば年齢給（または勤続給）は導入できる。ただし，ピッチは小さい。新しい賃金体系の導入にあたっては，中高年齢層のブルーカラーの賃金水準の調整原資が必要であり，源費の有無を検討することが必要である。

E型は，管理者と一般男子はA型であるが，一般女子は年齢が増しても賃金はほぼ横ばいという分布形態を示している。男女格差があり年齢給の導入は難しい型である。

F型は，中高年女子の賃金が分離している。臨時，パートの中高年女子の中途採用とか，単純定型業務に就いている者の賃金を極端に低く抑えているといったことが挙げられる。このような分布型における賃金体系においては，学卒入社者だけをA型で，その他の中高年女子を分離し別体系（職務給，職責給）にして作成する。

G型は，ほとんど年齢だけで賃金が決まっており傾斜も大きい。同一年齢での賃金格差は少なく，完全なる年功賃金であるといえる。急激に大きくなった若い企業に見られる分布である。年齢給は導入できる。

H型は，全般的に賃金が広がっており，お手盛り的な賃金決定の典型図といってもよい。したがって，賃金体系としては全くの無整備の状態で，A〜G型のいずれにも分類できない型である。年齢給をベースにした職能給体系の導入はできない。

自社賃金の分析・診断　47

図表3-5 個人別賃金分布図（プロット図）の形

管理職・専門職　　一般男子　　一般女子

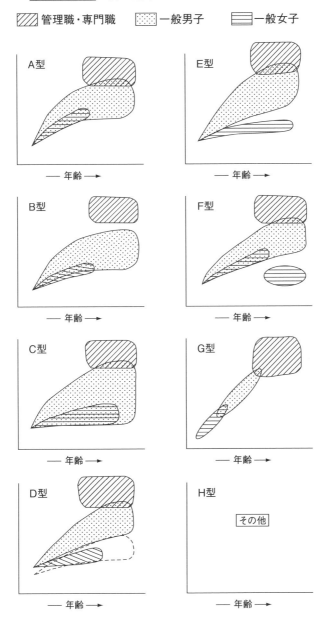

(3) 自社賃金分布型の判定

プロット図によって自社の賃金分布状態を読み取り，これからの賃金体系の方向づけを行う。現状の賃金の実態によっては，必ずしも希望した賃金の設計が難しい場合がある。

自社の賃金分布が何型であるかによって職能給体系が設計できる場合もあるが，場合によっては職務給一本であったり，年齢給の代わりに職種別に定額の職責給で対応せざるを得ない場合がある。H型の無整備型のような賃金分布では，職能給の導入はまず困難であり，必然的に職務給から導入していくしかない。

賃金体系の改善にある程度の源費が用意されている場合はまた別の判断にはなるが，経営環境が厳しい経済環境下においてはこれらのケースは稀である。

(4) 基本給ピッチによる診断

基本給ピッチとは，基本給モデルの1歳当たりの格差をいう。この基本給ピッチは一般に18歳（高卒初任給）と40歳（標準的課長）の基本給差で計算する。なぜ，40歳を取り上げるのか，その理由は次のとおりである。

- ・40歳の標準的課長は一般社員の昇進昇格の延長上に位置する。また，18歳から40歳の基本給モデルは直線区間であり，40歳は正にホウキの柄の付け根にあたる
- ・40歳は生涯労働の中間点にある。賃金表を作成するときの支点にあたる。
- ・40歳は管理職と一般社員の接点である
- ・40歳は完全成熟労働賃金である

もし，40歳の標準的課長がいない場合は，いるとすればいくらぐらいになるか，また，いくらにするかの考え方により理論的政策的に賃金額を決め，18歳と40歳の基本給格差÷22年間で計算する。自社の40歳がまだ係長であるという場合は，標準的な係長を指標にして計算することになる。

基本給ピッチは賃金の昇給パワーを表し，ピッチが大きいことは組織の活力が大きいことを意味している。目安となる標準値は100～1,000人規模の企業で，東京7,000～16,000円，地方大都市6,000～14,000円，地方中都市5,000～13,000円，地方小都市4,000～12,000円程度である。

図表3-6 賃金の範囲

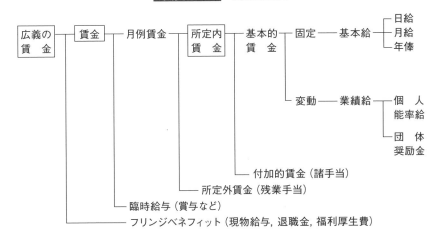

図表3-7 管理職と一般社員の接点

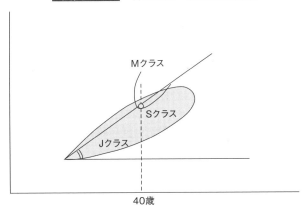

3 新基本給策定のためのピッチ計算

　賃金ベースの策定は，実在者賃金の分布状況を同業他社，世間相場に照らし，自社の賃金水準になじむベースから政策値を探し基本給ピッチの計算に入る。
　基本給ピッチは，既述のとおり初任給から始まった賃金がその後どのように上昇（昇給）していくか，基本給モデルにおける1歳当たりの平均賃金格差，

いわゆる賃金の傾斜をいう。ピッチとは，正にその会社のパワーまたは性能を示すもので，賃金診断のうえでも大変重要である。

(1) 自社の基本給ピッチの計算

基本給ピッチの計算は既述のとおり，通常40歳標準的な課長の基本給から18歳高卒または自社の採用実態で短大（専門），大卒の初任給を差し引き，その残額を高卒の場合は22，大卒の場合は18で割って計算する。今日のモデル賃金は，ほぼ18歳から40歳まで直線に近い傾斜を示し40歳を過ぎる頃から緩やかな下降カーブ線になる。

実際に実在者の賃金カーブを見ると，40歳を支点として人事考課（業績等）により人により相当にバラツキ（賃金の高い者，ゆるやかな下降カーブ上に位置する者，低い者）が生じているのが普通である。

したがって，ひとつの流れをつかむには，バラツキの少ない分布点をつかまえて計算する必要がある。また，40歳といえば一般的には課長職にある年齢である。高齢化の進行によっては係長職である場合もあり，各社の実態によっても異なるので，40歳前後の標準的または課長職にあるプロット点を探して1歳当たりの傾きを計算する

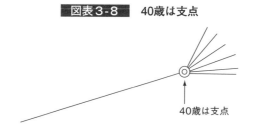

図表3-8　40歳は支点

このとき，自社の基本給水準が，同業他社や世間相場に比較し明らかに低い場合にはベアを検討する。また，賞与原資を削ってでも，基本給ベースを高めることが必要である。なお，短大（専門学校）以上の者しか採用しない企業においては，20年間で割りピッチ計算を行うことになる。

ピッチ計算は，40歳標準的な課長の基本給－18（20または22）歳の基本給＝

X円，※X円÷18（20または22）＝基本給ピッチ。今日の基本給ピッチ（年齢1歳当たり昇給額）の一般的相場は大卒総合職（事務・技術）約8,900円，高卒総合職（事務・技術）約7,800円（出所：2014年度　モデル賃金・モデル年間賃金調査，産労総合研究所定期賃金調査，産労のモデル賃金から筆者が計算）となっている。

(2) 自社の賃金水準の診断

　毎年の昇給作業時に，自社の賃金は世間相場に対して一体どんな水準にあるのかを確認し，世間相場と乖離があればメンテナンス作業を行う必要がある。賃金体系や昇給システム，賃金水準の検討など，新賃金策定にあたって留意しなければならない必要事項を取り上げれば次のとおりである。

　・世間相場や生計費，労働対価から見て公平であるか
　・評価，育成，活用，処遇の人事，賃金処遇制度は公正であるか
　・生産性や支払い能力から見て人件費は適正であるか

　この３つの側面から分析チェックし改善策を講じることが必要である。賃金決定のシステムは，大きく次の３つのステップで考える事ができる。

　第一は「個別賃金」（賃金表ともいう）であり，第二は賃金表をベースにして「個人別賃金」が決まる。第３は「賃金表の改定」である。第三の「賃金表の改定（ベースアップ）は交渉による個別賃金の書き替えである。

　ベアは個別賃金の問題であり，４月１日の午前０時に新個別賃金（新賃金表）に書き替えられるわけである。先に触れたように，賃金表のない企業では書き替える基礎がないため，定昇とベアの区分はつかない。賃金表があってはじめて定昇の概念やベアが成立する。

　定昇とは「個別賃金」（賃金表）の中で能力がプロモート（習熟）し，その成長を認めて座席が変わっていくのが定昇である。

　したがって，ベースアップは０でも熟練度が上がれば賃金は必然的に上がる。これを一般的に昇給といっている。しかし，昇給はしても賃金水準は１円も上がらない。

　賃金水準を変えるのはベースアップのみである。以上のように，賃金の公正

さ，公平さ，適正さの検証は「個別賃金」（水準）を基に，個人別賃金（格差），平均賃金（人件費の適正）の順で定期的に検討し，問題があれば改善を進めることが求められる。

個別賃金は世間相場や労働市場，生計費などを準拠指標として賃金体系や格差，水準が適切に決められているかどうかであり，次に個別賃金〔賃金表〕に人事考課を反映し個人別賃金が正しく決められているかどうかを検証する。

最後に，個人別賃金を集計し1人当たりの平均賃金を算出，企業の生産性や支払い能力から見て適切であるかを分析，検討する統計値として活用する。

(3) 定期昇給額の検証

昇給制度は，ある特定の受給要件を満たした社員を対象に実施する昇格昇給，諸手当の昇給と毎年一定の時期に全社員を対象に行う定期昇給（定昇）に分けて行われる。

昇給の留意点は，定期昇給額は自社の支払い能力から適正であるかの検証である。理論的には正しくても，また世間相場から見て妥当な額であったとしても，自社の生産性に見合った額でなければ，経営の安定性から問題が多いといえる。賃上げにはベアと定昇があるが，どちらも賃金を上げるという点では同じである。

しかし，昇給ないし定昇は制度によって確実に実施される。しかし，ベア（個別賃金の改定）は物価上昇，生活水準，労働力の需要と供給バランスや各企業の生産性，労使の経営政策，賃金政策によって決められる賃金表書き換えによる昇給部分であり，企業の政策によりコントロールできる昇給部分である。すなわち，ベアは経済成長や企業の成長を受け止めたものである。定昇やベアはともに昇給を意味するが，昇給の中でも定期的に全員が適用されるものが定昇である。

賃金表を設定し，ベアと昇給（諸手当）と定昇を区分し一定のルールに従って確実に実施することが，これからの人材確保と定着に必要であることはいうまでもない。

すでに明らかなように，生産性向上に伴う賃金引き上げや物価上昇に伴う賃

金改定はベアの問題である。初任給上昇に伴う初任給改定，中途採用者賃金の見直し，賃金表のゆがみの是正もベアの問題である。

図表3-9　ベアと昇給，定昇の違い

	ベア	昇給ないし定昇
対象	全体（全社員）	個人
要素	生計費，生産性	仕事，能力，年齢
構造	水準（ライフレベル）	格差（ライフサイクル）
運用	交渉	制度
時期	4月	随時（定昇は3/31の考え方）
査定	なし	あり
表示	率（％）	額（円）
性格	社会性	企業性

(4) 自社の生産性とベアの考え方

　ベアは企業の生産性が見込めなければ実施することはできない。同じ人件費枠の中で月例賃金の賃上げを行うとすると，賞与源費を月例賃金に配分することで対応することになる。人件費枠を付加価値×労働分配率の計算公式で考えると，賃金を上げるためには付加価値（生産性）向上が絶対条件となる。しかし，生産性は賃金決定基準の1要素に過ぎず，賃上げを吸収するための労使協調による生産性向上努力が必要である。

　企業の生産性指標にはいろいろあるが，自社の業績指標を決めることが必要である。指標の中でも次の3つは確実につかんでおくことが望ましい。

・1人当たりの売上高
・1人当たりの付加価値＝売上高－外部購入価値（材料費，外注費，仕入原価，諸経費）
・1人当たりの経常利益｛利益（内部留保），配当金，租税公課｝

第4章
年齢給・職能給の策定 その1.

● 基本給ピッチの配分政策

　基本給ピッチの計算ができたら，次に基本給ピッチの配分を行う。まず基本給ピッチはこれを年齢給と職能給に配分を行う。配分のウエイトの置き方によって賃金の性格が変化する。

　職能給ピッチのウエイトを高めれば刺激性のある能力型の賃金になり，また年齢給にウエイトをかければ生活安定型の賃金になる。このようにピッチの割合は賃金の甘さ，辛さを左右するので，生涯賃金のあり方などを熟慮して決めることが大切である。

1 基本給ピッチの配分

　今日の基本給ピッチの一般相場は8,000円程度，年齢給と職能給の配分割合は実力・成果主義の時代背景を考えれば年齢給1，職能給2の割合に配分するのが望ましい。

　基本給の構成割合には，ピッチの割合と金額的な高さの割合の2つがある。賃金の性格を左右するのはピッチの割合であり，高さの割合とは初任給額をいくらにするかとか，または40歳（管理職）賃金をいくらにするかという山（Mountain）の割合にしか過ぎない。

　このピッチの割合を適切にすることが重要である。年齢給のピッチはおおむね基本給ピッチの3分の1である。

　年齢給のピッチの計算は，40歳（完全成熟賃金）の最低保障賃金をいくらにするか，X円の政策判断基準によって決まる。政策判断基準には3つがある。

そのひとつは自社の実態，その２は労組の統一基準，その３は人事院の最低生計費である。

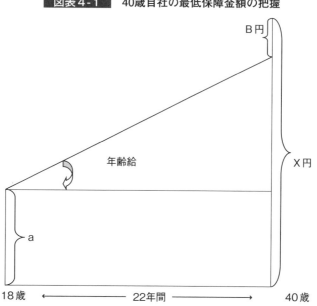

図表4-1　40歳自社の最低保障金額の把握

　図のＸ円は40歳の最低保障賃金であり，この金額をいくらにするかは労使で自社の賃金実態，社会的相場，最低生計費を総合勘案して決める課題である。人事院の標準生計費から推定して計算すると最低生計費は22万～25万円程度のところにあり，この数値を使い計算すると次のようになる。

　家族手当も最低生計費をカバーする源費と考えられるので，標準世帯で20,000円と仮定し年齢給ピッチを計算する。

$$年齢給ピッチ = \frac{40歳の最低保障賃金 - 家族手当 - 18歳基本給}{22}$$

　いま，人事院の最低生計費（推計）22～25万円の平均値235,000円を使い，この額をわが社の40歳の最低保障賃金として年齢給ピッチを計算すると次のよ

うになる。

　40歳最低保障賃金235,000円－家族手当20,000円－高卒初任給158,000円
　＝57,000円÷22＝年齢給ピッチ2,590円

　世間の一般的な基本給ピッチ8,000円に対し，年齢給ピッチ2,590円は約3分の1に該当する。しかし，基本給ピッチが世間相場よりも低い企業においては，この年齢給ピッチ2,590円をそのまま使うことはできない。年齢給への配分はどのような場合でも3分の1を原則とするが，額的には当然に低くなる。このような場合，年齢給だけで最低保障賃金をカバーすることができない。職能給との合算額で保障賃金額に到達しているか否かに留意することが必要である。

　その他の留意点のひとつは，年齢給は定昇の一部を構成する賃金であるが，企業においては原資的にも年齢給を導入できない企業も多い。

　したがって，これらの企業では定昇のない「職責給」を導入し，職責給と職能給で基本給を構成するようにしたい。しかし，40歳最低保障賃金は維持することが留意点となる。

図表4-2　40歳最低保障賃金から算定する年齢給原資の計算

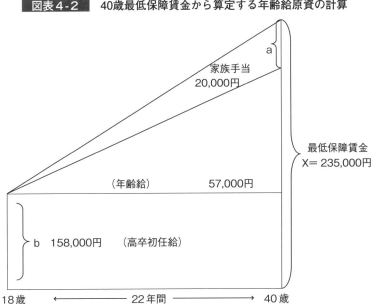

その2は勤続給の取扱いである。勤続給は年功賃金であり可能な限り導入しないことが望ましい。額の大小にかかわらず導入しないことが望ましい。なぜならば，能力・実力とは関係ない中途採用者にとっては逆転不可能な賃金であり，理論的に説明ができない賃金であるからである。

しかし，労組との対応上，入れなければならない場合には勤続給のピッチはせいぜい300円程度，最大でも500円程度にしたい。

(1) 年齢給ピッチの年代配分

人事院の最低生計費（推計）から算出した年齢給ピッチは2,590円であった。この数値の端数は100円単位に繰り上げ，1歳当たり2,600円を18歳から40歳まで同じ金額を支給すると年齢給カーブは直線となる。しかし，すでに述べたように年齢給は生計費論であり，年齢別生計費に準拠すべきである。

そこで年齢給表作成にあたっては，年齢帯区分ごとに年代配分政策を入れ，年齢給を作成するようにしたい。先ず，大卒の初任給アップにも留意し18歳～22歳は2,600円×1.1倍か，1.2倍，または初任給が世間相場よりも明らかに高い場合は逆に0.7倍もあろう。

22歳～30歳までは結婚年齢帯でもあり，安定的な昇給があることが社員の安心感と帰属意識，働きがいの醸成にも効果があり，希望のある賃金とするために年代配分を高めに設定するようにしたい。年齢給ピッチ×1.25倍か1.20倍，または1.15倍，少なくとも1.1倍は必要であろう。その後，30歳～40歳は2,600円×22年間（18歳～40歳）＝57,200円の年齢給総源資から18歳～30歳までに使用した年齢給配分源資を差し引きし残差を計算し年齢給ピッチ額を算定する。40歳以降は企業政策により決める問題であるが，40歳～48歳まではまだ生計費のピーク点の途上にあり，平均年齢給の2分1程度，例示では2,600円の半分，1,300円程度は年齢給昇給を設定するようにしたい。

年齢給は，年齢の高まりに応じて世帯形成をする生活を保障していこうという目的をもつ賃金であるからである。図に見るように，最低保障賃金X円には家族手当が含まれており，X円から高卒初任給のb円を引いた残りの年齢給と家族手当の2つをもって最低保障賃金を満たすことができる。

家族手当支給の意味は，生計費論からすれば大切な意義のある賃金である。
さて，生計費のピーク点に達した48歳以降の年齢給の昇給（定昇）はストップ
とする。昇給は上位職能資格に昇格したときに発生する職能給の昇格昇給（臨
時昇給）となる。

留意点は，年齢給昇給の取扱いについては，労組政策の問題もあり企業ニー
ズを踏まえて十分に議論し対処策を検討することが必要である。

しかしながら，管理職ともなればもはや最低生計費を論ずることはあまり意
味がない。生計費でいえば，賃金水準は標準生計費または愉楽生計費レベルの
賃金に達しており，年齢給から定昇のない職責給に変えなければならない。

職責や役割の達成度に応じて支払う日本型成果主義賃金に切り換えなければ
経営環境の変化に対応することができないことは既述のとおりである。

(2) 金額的高さの割合の変化

基本給に占める年齢給と職能給の金額的な高さの割合をどの程度にするかの
問題である。この問題は，初任給の内訳の割合をどうするかによっていかよう
にも変わるため，賃金論としてはあまり意味がない。金額的高さ，山（Mountain）
の割合は社内のアンケート調査で多数決で決めても良い。図が示しているのは，

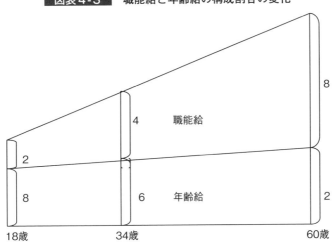

図表4-3　職能給と年齢給の構成割合の変化

18歳の年齢給と職能給の割合を，18歳，年齢給8割，職能給2割の金額的高さの割合で入ると，34歳時には年齢給6割，職能給4割に，60歳時には年齢給2割，職能給は8割になることを意味している。この理由は，基本給ピッチの年齢給1に対して職能給2の割合のピッチ配分の結果である。職能給のピッチが年齢給の2倍であり，若年層では年齢給の割合が高く，年齢が高くなるにつれ職能給額の累積額が大となるからである。

　34歳時の年齢給と職能給の割合を年齢給5割，職能給5割にしようと思えば，18歳時の初任給の金額的割合を年齢給6割，職能給4割にすれば目指す割合になる。2014年の産労総合研究所調査による高卒18歳初任給，（事務・技術系モデル賃金）158,000円に対して年齢給6割，職能給4割の配分で計算すれば，年齢給は94,800円，職能給63,200円になる。

2　職能給がすべての賃金のスタート

(1)　職能給カーブに見る特色

　これまでも触れてきたように，年功主義も擬似的能力主義であった。学歴や経験のある者，また男は女より皆能力ありとして人事処遇が行われてきた。しかし，現場のブルーカラーの人事処遇制度を日本の人事賃金制度の変遷で見てみると，実力・成果主義の職務給導入に取り組んだ企業が多い。一方，ホワイトカラーの仕事は変化のテンポが早く，どんどんと変化していくので職務給の導入が難しかったのである。

　すなわち，職務分析や職務評価が難しかったことも理由のひとつに挙げられている。そんな中で，職能資格制度の推進にやりがいや生きがいなどの希望を抱いていたことも確かである。

　現業職にとっても，今やっている仕事の価値で人事・賃金が決まる職務給よりも，能力の伸長で高まる賃金（職能給）に，やりがいと希望を感じていたことはいうまでもない。

　職能給設計の留意点は，既述のように生活保障の原則である年齢給をベースに労働対価の原則による職能給を上乗せする形で設計する。年齢給のカーブは

48歳から55歳ぐらいまでを生計費の頂点にする山型カーブ（一般的には凸型カーブという）を描くことが特徴である。

(2) 職能給は半分だけ能力主義

職能給のベースとなる年齢給は，年齢とともにある一定年齢までは1年ごとに昇給をする。したがって，この年齢給のことを年功給と理解している学者も多い。しかし，これは違う。年齢給は生計費の最低保障賃金である。

職能給の賃金設計は年齢給と職能給で基本給を構成し，モデル賃金（エリート賃金）を作成する。モデル賃金のカーブは右肩上がりで，能力のある者は数年ごとに昇格昇給を加算し階段状に賃金が上昇する。

モデル賃金については労使ともに誤解をしている人もいるので，ここで正しておきたい。労組はモデル賃金のことを標準者賃金ともいうので，誰でもその年になると受給できる賃金と考えている人が多いが，モデル賃金とは標準的に経過をしている者の賃金ではあるが，この場合の標準の捉え方の解釈が違う。

図表4-5　ライフサイクル（例示）

年齢	勤年	家族移動			子女学歴移動		等級移動	役職移動	家族構成
		配偶者	第1子（男）	第2子（女）	第1子	第2子			
18	0						1		1
19	1						1		1
20	2						2		1
21	3						2		1
22	4						3		1
23	5						3		1
24	6						3		1
25	7						4		1
26	8						4		1
27	9						4		1
28	10						5		1
29	11	26					5	係長	2
30	12	27					5		2

31	13	28	0				5		3
32	14	29	1				6		3
33	15	30	2				6		3
34	16	31	3	0			6		4
35	17	32	4	1			6		4
36	18	33	5	2			6		4
37	19	34	6	3	小		7		4
38	20	35	7	4	小		7	課長	4
39	21	36	8	5	小		7		4
40	22	37	9	6	小	小	7		4
41	23	38	10	7	小	小	7		4
42	24	39	11	8	小	小	8		4
43	25	40	12	9	中	小	8	部長	4
44	26	41	13	10	中	小	8		4
45	27	42	14	11	中	小	8		4
46	28	43	15	12	高	中	8		4
47	29	44	16	13	高	中	8		4
48	30	45	17	14	高	中	9		4
49	31	46	18	15	大	高	9		4
50	32	47	19	16	大	高	9		4
51	33	48	20	17	大	高	9		4
52	34	49	21	18	大	短大	9		4
53	35	50	22	19		短大	9		3
54	36	51	23	20			9		2
55	37	52	24	21			9		2
56	38	53	25	22			9		2
57	39	54	26	23			9		2
58	40	55	27	24			9		2
59	41	56	28	25			9		2
60	42	57	29	26			9		2

　標準とは平均や中位数，並数（一番多い分布帯）ではない。普通の状態で昇格，昇進した賃金ではなく，むしろエリート社員（第二選抜社員が）がたどる賃金カーブである。

　第一選抜者は抜擢人事である。今日誰でも部課長になれるわけではない。賃

金レベルから見れば，モデル賃金とは第3四分位の賃金ベースであるから，多くの実在者はそれよりも低い水準に分布している。ちなみに，モデル以外の者は，年功給では昇給ピッチはモデル者よりは少ないものの青天井で上昇を続けていくが，職能給導入企業においては同一資格の滞留が長くなると職能給カーブはフラット（横ばい）になる。職能給はエンドレスではなく，該当資格等級の上限賃金でストップするからである。

　一方，年齢給は生計費理論に基づき山型カーブを描くので，職能給と年齢給を加算した基本給線はかなり寝たカーブになる。

　また，仕事の成果を人事考課で査定し仕事ができる者と，できない者では職能給の昇給額にかなりの差が生じる。

　職能給のレンジは重複型・接続型・開差型の3種類があり，どのタイプを採用するかによっても，昇給年数の幅が異なり，より能力主義か，年功主義かの色彩がでる。

　能力主義の理論からいえば接続型か，開差型が正しいということになるが，年功賃金からの移行時には，現実対応のしやすさから重複型職能給を採用する企業が多い。

　重複型を採用すると下位等級者が上位等級者の賃金を上回るケースも出現するが，こうすることによって，従来の年功給保障の労働者の安心感もある。理論はくずれても，まず重複型で穏やかに職能給を導入し，新賃金に切り替えた後は人事考課や昇格基準を厳正に実施し，真に能力ある者のパフォーマンスを

図表4-6　賃金のバラツキ

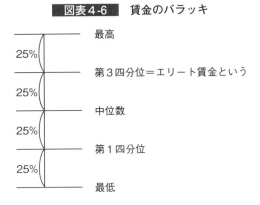

褒め称える賃金制度へ改革（職能給＝能力開発賃金の導入）を進めるのが上手なやり方である。最初は重複型で進めるのがスムーズで改革への抵抗が少ない。

(3) モデル賃金（エリート賃金）の利用

モデル賃金には基本給モデルと所定内モデル（基準内モデルともいう）の2種類がある。基本給モデルは賃金体系の分析用に，また所定内モデルは賃金水準の分析用に使う。

モデル賃金を自社賃金の分析，検討に使う場合は，業種や規模，地域差等を勘案して労使で準拠すべきモデル賃金資料を決めて継続的に使用することが肝要である。

モデル賃金表の有用性についてはいろいろと議論のあるところだが，わが社の人材はこのように処遇をするという経営者の決意表明でもあり，同業他社のモデル賃金を検証して，わが社のモデル賃金を考えるという政策検討の資料としても有効である。

しかし，公開されているモデル賃金利用の限界は，年によって調査回答企業に連続性がなく，企業の入れ替わりがある。これらは多かれ少なかれ統計データの避けられない宿命でもあり，その点を踏まえて，ひとつの目安数値として活用することが留意点である。

(4) ポイント賃金（基幹賃率）のチェック

モデル賃金を使い自社の賃金の水準や格差分析を行う場合は，次のいくつかの年齢ポイントの賃金を抑えて比較，分析を行うことになる。分析にあたっては，個別賃金，個人別賃金がある。すなわち賃金にはその労働または労働力にそれぞれ銘柄があり，銘柄には値段がある。労働または労働力の銘柄別値段（銘柄別対価）の賃金のことを個別賃金といっている。また，個別賃金を一覧表にしたものを個別賃金一覧表といい，これを略して賃金表ともいっている。

賃金表こそが労使関係の接点であり，この賃金表をベースにして個人別賃金が決まるので，賃金表は大切である。他社との賃金比較は，モデル基幹年齢のポイントを捉えて検証を行う。

① 18歳～22歳（初任給）
② 25歳（第1習熟，単身者）
③ 30歳（第2習熟，世帯主，指導職位）
④ 35歳（完全習熟，世帯主，管理補佐職）
⑤ 40歳（管理職位）
⑥ 48歳（上級管理職位，生計費のピーク点）

30歳，35歳，40歳の一人前賃金はベース確認をしっかりと行い，低ければ早急に改善策を講じることが必要である。

第5章 年齢給・職能給の策定 その2.
● 賃金表の作り方と導入の仕方

1 年齢給表の作成の仕方

2015年産労モデル賃金調査,非製造業(300～999人)資料を基に高卒初任給158,000円,40歳基本給343,000円をベースに基本給ピッチを計算する。なぜ40歳を取り上げるのか,その理由は次のとおりである。

(1) 基本給ピッチから算定する年齢給

① 40歳は一般的には課長クラスである。課長は一般社員の昇格昇進の延長上に位置する。また18～40歳の基本モデルは直線区間であり,40歳は正にホウキの柄の付けに当たる
② 40歳は生涯労働の中間点である(賃金表を作るときの支点にあたる)
③ 管理職と一般職の接点は40歳である
④ 40歳は完全成熟労働賃金である

もし40歳でモデルになる課長がいない場合は,いるとすればいくらになり,いくらにするかの考え方により理論的,政策的に該当額を設定し18歳と40歳の基本給格差÷22年間で計算する。

しかし,わが社では40歳はまだ係長クラスであるというのであれば,係長を指標にしてもよい。それでは,産労モデル賃金資料を使い,次に年齢給表を作成してみよう。

まず,基本給ピッチ計算を行う。40歳基本給(課長クラスと推定343,000円

〜高卒初任給158,000円＝残差185,000円÷22年＝基本給ピッチ8,400円となる。
　この8,400円を基に年齢給表を作成してみる。

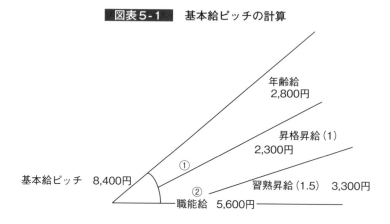

図表5-1　基本給ピッチの計算

　図に見るように，基本給ピッチのうち年齢給対職能給の構成割合は1対2が適切であることを先に述べた。この理論に従って年齢給ピッチを計算すると2,800円となる。
　以上，2,800円の年齢給ピッチで年代配分例示を示せば次のようになる。
　18歳〜22歳では，新卒採用をスムーズに進めたいため初任給を魅力ある額に設定する必要がある。そこで年齢給ピッチ2,800円×1.2倍＝3,400円×4年間＝13,600円の源費を使う。
　次に，23歳〜30歳は結婚年齢帯に当たる。将来の世帯形成を考えて，安心して働けるように年齢給定昇を強めに設定する。よって，2,800円×1.25倍＝3,500円×8年間＝28,000円の源費を使う。30歳〜40歳の10年間は残差計算とする。残差は年齢給1年当たりピッチ2,800円×22年間（40歳〜18歳）＝61,600円－13,600円（18歳〜22歳）－28,000円（23歳〜30歳）＝20,000円が残額となる。
　したがって，1年当たりの残差は20,000円÷10年間＝2,000円となる。
　さて，40歳以降は政策で決めることにする。この年代は一般的には生計費のピーク点（48歳）に達するまで，年齢給の1年ピッチ2,800円の半額1,400円を41歳〜48歳まで設定することにする。49歳以降55歳までの年齢給定昇はストッ

プとする。

　56歳以降60歳は，家計費の減少（子女の成人）から年齢給1年ピッチ2,800円×5年間マイナス昇給とする。

　以上の例示で年齢給表を作成すると，次のようになる。まず，年齢給のスタートである18歳の年齢給を決めなければならない。

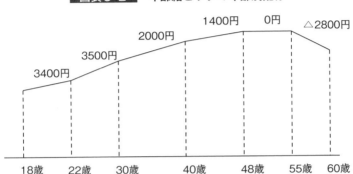

図表5-2　年齢給ピッチの年齢別配分

　仮に初任給158,000円の8割を年齢給，2割を職能給とすると，年齢給は126,400円，職能給は31,600円となる。

図表5-3　年齢給表　　　（単位：円）

年齢	年齢給	ピッチ
18	126,400	
19	129,800	
20	133,200	3,400
21	136,600	
22	140,000	
23	143,500	
24	147,000	
25	150,500	3,500
26	154,000	
27	157,500	

28	161,000	
29	164,500	3,500
30	168,000	
31	117,000	
32	172,000	
33	174,000	
34	176,000	
35	178,000	2,000
36	180,000	
37	182,000	
38	184,000	
39	186,000	
40	188,000	
41	189,400	
42	190,800	
43	192,200	
44	193,600	1,400
45	195,000	
46	196,400	
47	197,800	
48	199,200	
49〜55	199,200	0
56	196,400	
57	193,600	
58	190,800	−2,800
59	188,000	
60	185,200	

(2) 40歳最低保障の年齢給

　基本給ピッチに基づき，理論的に年齢給と職能給の配分割合を定め年齢給を計算したが，実際は年齢給ピッチが導入できない企業も多い。すなわち，生計費論を無視した賃金分布になっている。この場合，自社の40歳前後の一番低い賃金を無視することはできない。また，労働組合の統一要求基準も考慮せざるを得ない。更には，40歳の人事院標準生計費から推定計算した40歳の2015年最

低生計費（254,687円×賞与修正分95％＝241,950円）もひとつの判断資料としながら，どの指標を選択するかを決めなければならない。産労モデル賃金資料から算定した基本給ピッチ8,400円，年齢給1（2,800円）に対して職能給2（5,600円）の配分割合において，この年齢給の配分割合2,800円をそのまま適用することはできない。

例えば，自社の40歳最低保障賃金を230,000円とし，基本給ピッチを8,400円としたとしたときの年齢給の計算はどうしたら良いのであろうか。高卒初任給158,000円の年齢給8割の配分は変えないとすると，18歳年齢給は126,400円である。

しかし，自社の40歳最低保障賃金230,000円－18歳年齢給126,400円＝103,600円だとすればピッチは4,710円となり，4,710円に対しての年齢給の割合1に対し職能給2の配分とすれば年齢給は端数整理で1,500円，職能給3,210円程度のピッチとなる。このとき40歳の年齢給は18歳の年齢給126,400円＋33,000円（1,500円×22年間）＝159,400円であり，職能給に充当する額は70,600円となり，合計でちょうど最低保障賃金230,000円になる計算である。

このように，自社の最低保障賃金額をどう決めるかによって年齢給ピッチが小さいものになるわけである。

2 職能給表の作成

(1) 職能給サラリースケールの型と種類

職能給表を作るには，まず職能給の型とピッチを決めることが必要である。職能給導入の手順は次のステップに従って行う。

① スケールの型を決める
② ピッチを決める
③ スケールを計算する
④ シミュレーションを行う
⑤ 移行時の基準を作る
⑥ 賃金表に置きかける

まず、スケールの型には重複型、接続型、開差型の3つのタイプがある。職能資格制度は原則として卒業方式であり、同じ等級在級者でも昇格したばかりの者、昇格して数年経過している者、卒業レベルにある者など、能力の異なる者等が混在しているとすれば、理論ではレンジレート（範囲給）で作成するのが理屈である。しかし、政策的にシングルレートもあり得る。シングルレートとは、3等級者は8万円、4等級者は10万円、5等級者は13万円というように、単独で断続的に決められるため、習熟昇給（経験）がない。

① レートの幅

　そこで、レンジレートで作るとしても等級間の開きと型をどう設計するかが課題となる。これにより職能給の味付けが変わる。また、等級間の昇給幅（1年当たり昇給額）、すなわち等級別昇給ピッチの問題もある。レンジレートというのは何円から何円までと範囲給で示される。職能給は能力の幅を受けとめた賃金である。

図表5-4　職能給サラリースケールの型

・レートの幅	→	シングルレートか、レンジレートか
・等級間の開き	→	重複型か、接続型か、開差型か
・等級内の型	→	凸型か、凹型か、直線型か
・等級間の昇給ピッチ	→	逓増型か、逓減型か、S字型か

② 等級間の開き

　次に、等級間の開き（レート）の関係だが、理論では開差型、接続型が正しい。下位等級者が上位等級者より賃金が高いというのはなんとしても説明がつかないからである。職能資格制度が卒業方式であることを考えると、開差型か接続型でないと説明がつかないということになる。

　しかし、年功主義から始めて能力主義に切り替えるときにはスムーズに移行することが望ましい。そこで、少々理論は崩れても、上位等級とのダブリを1.5以下に抑えた重複型を取るほうが現実対応として優れているといえよう。理論は正しくても急激な変化は混乱を招くからである。

なお，重複型採用の留意点は，職能給はひとつ上の等級レンジと重なっても2つ上の等級とは重ならないようにする。最低限の理論構成は守ることが必要である。

③ 等級内の型

等級ごとの賃金カーブの作り方だが，上に向かっての凸型，下に向かっての凹型がある。それと，もうひとつは同じ昇給額が何年も保障される直線型がある。理論では，ひとつの等級にとどまっている者は習熟能力の伸びが逓減するので，昇給も逓減する凸型カーブが良い。一方，凹型は逓増していく方式である。どちらのタイプが良いか一概にはいえない。

一般的には直線型から入り，職能制になれた段階で凸型カーブに切り替える

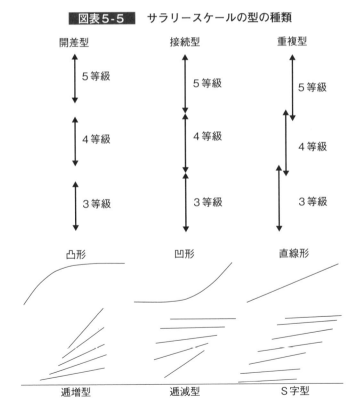

図表5-5　サラリースケールの型の種類

④ 等級間の昇給ピッチ

能力主義の理論からいえば，能力の初めの立ち上がりは早い。しかし，ある一定の時期に達すると能力の伸びは止る。その後，能力は逓減する。したがって，理論的には逓減型であるが，実務的には穏やかにS字型で能力主義賃金に切り替えるのがベターである。逓増型では説明ができない。

以上から職能給はレンジレート，重複型，凸型，S字型で設計するのが移行時のやり方である。

(2) レンジレートの作り方

職能給はエンドレスではない。始まりと終わりがある。昇給は同一等級内で初号から上限までの間で習熟昇給する。昇給は上限に達すると止る。この初号と上限の範囲をどの程度にするかが大切である。理論では標準昇格年数（理論モデル）の2倍で設計することになるが，年功主義でやってきた企業では，この2倍のレンジ幅の中にはとても収まらないのが実態である。

そこで，能力主義賃金への移行時には3倍に広げることも現実的な対応である。しかし，この幅を広げすぎると何ら年功賃金と変わらないものとなる。レンジ幅を張り出し昇給として広げるとしても，1年当たりの習熟昇給額の半額昇給とするのが普通である。

どんなに良い制度であっても，あまり急激な変化はアレルギーを起こし，多くの社員の賛同を得ることができない。しかし，能力主義を導入した後で余分な張り出し昇給部分はカットするなど，計画的な対応が必要である。

以上を総括すると，職能給のスケールは等級別に初号賃金（A），習熟昇給（B），そして上限賃金（C），という範囲給で設計をする。さらに政策として，張り出し昇給（D）がセットされる。スケールの幅をどうするかは，労使の充分な話し合いと検討が必要である。先にも述べたとおり，職能給のレンジはモデル年数の2倍で設計するのが理論である。能力には幅がある。これがレンジである。レンジは初号賃金＋（習熟昇給×モデル年数×2）で上限賃金を計算

する。この計算方式で計算すれば，多少の理論は崩れても，ひとつ上の等級とは重なるが2つ上の等級とは重ならないという職能給の現実理論にかろうじてかなうことになる。

図表5-6　職能給レンジレートの作り方

A	～	(B)	～	(C)	～	(D)
↓		↓		↓		↓
初号賃金		習熟昇給		上限賃金		張り出し昇給

(3) 職能給の習熟昇給と昇格昇給の割合

　職能給表の作成においての留意点は，昇格昇給と習熟昇給の割合を適切に配分することである。

　職能給は職務遂行能力（等級基準）を受けとめた賃金である。職能給は経験を積み，その習熟を受けとめた習熟昇給と上位の資格に上がる能力の向上を受けとめた昇格昇給の2つで構成される。また，職能給は既述のとおり，職能資格等級制度をベースにした賃金であり，いったん獲得した資格は原則として降格はない。

　職能資格等級制度は卒業方式を原則とするから落第はないとの理論だ。よって，職能給は在籍資格の能力を保有していなくても，いったん獲得した能力はいつまでも保障されるので，能力主義賃金はいつまでも安定した賃金であるとの理論構成で組合員にも理解と納得を得て広く普及することができた。

　しかし，現在，巷（ちまた）で目につくのは管理者クラスの能力と仕事のミスマッチである。このことは，職能給の習熟昇給と昇格昇給のピッチ配分にも影響する。

　職能給設計において大切なことは，職能給の性格を左右する習熟昇給と昇格昇給のピッチの割り振りである。昇格昇給のピッチを大にすれば，形は職能給であっても実際は職務給と全く変わりのない実力・成果給となる。昇格昇給は等級基準を満たした（卒業した）ときの臨時昇給であり，定期的な昇給（定昇）ではない。

　能力は定期的には高まらない。これに対して習熟昇給は同一等級内での昇給

であり，初号から上限までの範囲給として上限賃金に達するまでは昇給し続ける定昇である。この習熟昇給のピッチを大きくすれば，昇格はしなくても昇給は大となり，刺激性のない賃金になる。

わかりやすくいえば，形は職能給であっても，年功賃金と何ら変わらない賃金となる。そこで，適切な職能給にするためには，昇格昇給と習熟昇給の割合をおおむね1：1.5にすれば，能力主義賃金としてちょうど"味付け"の良い賃金となる。

しかし，この割合も基本給ピッチの大小によって異なる。基本給ピッチが大きくなれば，昇格昇給1の割合に対して習熟昇給の比率も小さくしなければならない。そのようにしないと習熟昇給（定昇）の額が大となり，もはや年功給と何ら変わらないものとなる。すなわち，昇格昇給と習熟昇給の配分割合が大切であり，この配分割合により定昇の大きさが決まる。

能力の習熟度は人によって異なるが，どんなに能力がないと評価される人であっても同一業務に従事していれば，前年より多少は習熟するはずである。この習熟を受け止めたものが習熟昇給（定昇）である。

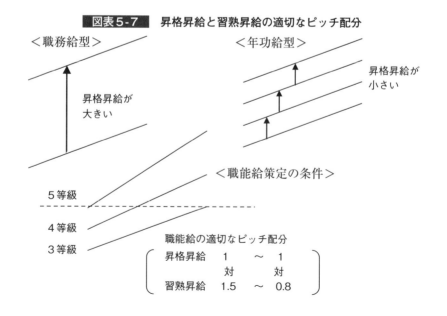

図表5-7　昇格昇給と習熟昇給の適切なピッチ配分

図表5-8 基本給ピッチ（1年当たりの昇給額）と適切なピッチ配分

項　目	～8,000円	8,000～11,000円未満	11,000～14,000円未満	14,000円以上
昇格昇給	1	1	1	1
習熟昇給	1.5	1.3	1.1	0.8

　さて，職能給の適切なピッチ配分ができたら，職能資格等級フレームの理論モデル年数に合わせて計算する。もし，3等級の理論モデル滞留年数に「3」と記入されていたとすると，その意味はエリートの滞留年数を表し，3等級の職務を修得，習熟するのに3年の年月を要することを意味している。

　理論モデルとは，順調に能力アップをした人の等級別の滞留年数であり，エリート者の昇格年数を表している。さて，3等級者が順調に3年で3等級の職能要件をクリアした場合は4等級に格付けされる。このとき，3等級在級時の職能給に4等級の昇格昇給を加えた額が4等級の初号賃金（スタート賃金）となる。これをモデル（初号賃金）通過方式という。

　しかし大多数の社員は，このモデル年数より遅れて昇格をするのが普通である。それらの社員は，もはや初号賃金を通過しない。すなわち，在級等級の職能給に昇格昇給を加算し，昇格した等級の直近上位の職能給額の号俸に格付けをする。

　したがってこの場合は，初号賃金より高い号俸額に位置づけることになるが，これを直近上位方式という。

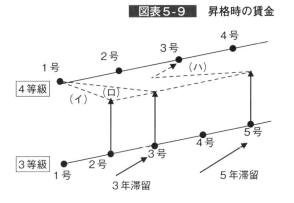

図表5-9 昇格時の賃金

（イ）とびつき方式
（ロ）モデル通過方式
（ハ）直近上位方式

図でおわかりのように，3等級3年滞留で昇格するのはモデル者（エリート，モデル通過方式）であり，モデル者ではない5年滞留者はモデル者より2年遅れでモデル者に追いつくことを意味する。このように，昇格昇給には査定をキャンセルする仕組みがある。

　しかし，3等級滞留年数2年で昇格した者の賃金には追いつかない。また，モデル者より早く昇格した超エリート者は，昇格昇給額を加算しても初号賃金には合致しない。これをとびつき方式という。当該等級の職能要件を最短年数の2年でクリアする例外者は，このとびつき方式で順次昇格をしていく。

　しかし，管理専門職能層クラスともなれば，最短年数の設定がない。このクラスともなれば，日常のルーティン業務（課業）ではなく役割業務をメインとする。したがって，役割業務（権限と責任業務，部長の役割，課長の役割etc.）が遂行できれば，滞留年数には関係なく抜擢昇格をどんどん行う。この場合も，とびつき方式で初号賃金に合致させることになる。

(4) 職能給導入時の昇格昇給の取扱い

　昇格昇給の割合を大にすることは，実力・成果主義により近づくことを意味する。したがって，職能給の導入にあたっては理論（基本給ピッチ，1年当たりの昇給額）に従って習熟昇給と昇格昇給の割合で配分し計算する。ここでは，昇格昇給が職能給の理論により適切に設計されているとして，初めて昇格昇給を迎えたときの運用方法を考えてみる。

　昇格時には職務遂行能力のグレードアップを受け止める昇格昇給が現職能給に加算され，上位等級の職能給表の号俸に格付けられる。しかし，ぴったりとした該当賃金がないときは直近上位の号俸賃金に位置づける。ここで問題になるのは，同期でも職能給導入時に上位等級に格付けされた者と下位等級に格付けされた者との関係である。1年遅れで昇格したものが同期を追い越すという逆転現象が生じる場合がある。これは上位等級格付者が必ずしも，職務遂行能力を適正に評価されているわけではないことを意味している。下から上がってくる者だけが評価されるというのであれば不公平といえよう。

　新制度導入時には，現状を尊重し穏やかに移行する方法を取るために，等級，

号俸など，能力的な序列格付けになっていないことを意味している。新制度導入時には1日も早く能力主義人事制度を固め，厳格な昇格基準により昇格管理をしっかりと行うことが望まれるが，能力主義人事・賃金制度の定着には最低3年程度の猶予時間が必要である。

昇格滞留年数は3～4年で設定してあるのが普通であるが，新制度の機能の発揮も3～4年の年月を経ると能力のある者は上位等級へ昇格し，能力が伸びない者は同一資格等級に滞留し，真の能力主義人事の位置づけになる。

(5) 昇格昇給の減額方式

能力のある者が昇格をするのは当然であるが，上位等級格付者の能力審査もなく下位等級者が上位等級者を追い越すことは序列調和からも問題が多い。現実的な対応としては，昇格昇給額を多少減額して調整することもやむを得ない処置といえる。

対応策としては，職能給制度を導入して3年間程度は本来の昇格昇給額を2分の1，または3分の1に減額した処置を講じる。しかし，それでもなおかつ逆転が生じる場合がある。その場合は個別調整を行うが，許される格差であれば思い切って目をつぶる。

逆転現象を防ぐための昇格昇給の減額方式を述べたが，いつまでも減額方式を採ることは適切ではない。遅れて昇格した者でも能力の成長があれば逆転ができ，努力をすれば昇格遅れの賃金格差を取り戻すことができる。

職能給は能力主義賃金であり，能力とは現時点到達した能力によって評価され処遇される賃金であるからである。

(6) 職能給サラリースケールの計算

職能給のサラリースケールは，職能資格等級フレームをベースに，基本給ピッチ計算で計算した職能給額を職能資格等級別の範囲給で計算する。1等級の賃金は，いくらからいくらまでの範囲給とするか，等級別に計算する。職能給はエンドレスではなく，必ず始まりと終わりがある。

図表5-10　職能給の要素と構成

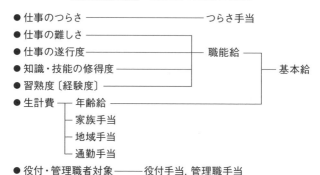

　さて，職能給計算のスタートは1等級1号である。1等級を高卒初任給とするか，短大卒または専門学校卒の初任給とするか否かは，企業ニーズによって決める問題である。

　いずれにしても，職能給のスタート賃金は高卒または短大卒，専門学校卒の初任給から18歳または20歳，または21歳の年齢給を差し引いた額が1等級の初号賃金となり，この額にモデル年数に合わせて習熟昇給と昇格昇給を職能給の計算ルールに従って積み上げていく。

　職能給の計算は標準（理論モデル）に従って計算を積み上げていく。例示では高卒を採用すると仮定し，産労調査のモデル賃金，高卒初任給158,000円（年齢給126,400円，職能給31,600円）で職能給を計算する。ペイスケールを計算するスタートは，高卒を1等級に格付けすると，短大卒・専門学校卒は2等級，大卒は3等級となる。この場合，高卒の初任給は1等級の1号，短大卒，専門学校卒はそれぞれ2等級1号，専門学校卒の21歳は2等級6号，大卒の初任格付けは3等級1号の格付けとなる。

　さて，職能給サラリースケールは，この初任給をベースに各等級に設定された標準昇格年数（理論モデル）に沿ってサラリー計算を行う。標準昇格年数とはエリートが昇格していく滞留年数を示したもので，当該等級で期待する職能要件，つまりこの年数で職能要件をマスター（修得，習熟）して欲しいという経験年数を期待像で示している。したがって，職能給は職能要件書がなければ

成立しないのである。

　職能要件書がないと、"がんばっている"のイメージの情意考課で昇格判定が行われるため、客観性、公平、公正に欠けた賃金になってしまう。情意がよくても必ずしも成績イコールにはならないからであり、また能力を正確に反映した賃金とはいえない。

　さて、職能給のサラリースケールの計算は、等級別に「初号賃金→習熟昇給→上限賃金」という形で、いわゆる範囲給で積み上げて計算をしていく。

(7) 職能給モデル賃金の計算

　職能資格等級制度をベースにした職能給のスケール計算は、まずモデル〔代表銘柄〕を決め、モデル条件に合った賃金を理論的に計算をする。これを理論モデルという。

　モデルの意味は、学校を卒業して直ちに入社し、その後標準的に昇格、昇進、昇給し、結婚をして世帯形成（子女誕生）も標準的に経過した者の賃金がどうなるかを理論的に計算した賃金である。また、モデル適用者はエリート社員が格付けられる賃金で、水準からいっても高いレベルにある。それでは産労モデル資料を使い職能給サラリースケール計算の例示を次に示す。

　例示計算を行う前提事項は次のとおりである。

・高卒初任給158,000円（年齢給126,400円、職能給31,600円）
・大卒初任給185,000円
・40歳基本給343,000円、基本給ピッチ8,400円（年齢給2,800円、職能給5,600円）
・職能給の配分は習熟昇給3,300円、昇格昇給2,300円

　職能給サラリースケールの計算は、職能資格等級フレームをベースに1～9等級の範囲給でモデル条件に合った賃金を理論的に計算をする。したがって、理論的に計算した賃金をモデル賃金といっている。それではスケールの計算を表に従って考えてみよう。

① 等級・理論モデル年数の設定

モデル年数は職能給のサラリースケールを計算する足場で，ここは職能資格制度のフレームで設定をした等級，年齢，滞留年数をそのままセットし，賃金表はこの等級，年齢，滞留年数によって計算をしていくことになる。

② 習熟昇給と昇格昇給の計算

習熟昇給額は，基本給ピッチ（8,400円）で計算した職能給配分額の5,300円を基に，習熟昇給1と昇格昇給1.5の割合で習熟昇給3,300円，昇格昇給2,300円を算定。その習熟昇給の3,300円を5等級の習熟昇給欄にセットする。習熟昇給3,300円のピッチは高卒18歳と40歳（管理職位）から編み出した平均ピッチである。

18歳と40歳の中間年齢は29歳であり，29歳のモデルは5等級に位置するのでここに3300円をセットし順次，下，上のバランスを見ながら習熟昇給額をセットしていく。すなわち，1等級の習熟昇給額は高卒2年間で短大卒（2等級）の初任給に追いつき，さらに2年間で大卒（3等級）初任給に追いつくように設定する。つまり，4年間の習熟昇給額と2等級および3等級昇格時の昇格昇給を加算した額が3等級の初号賃金になるように計算する。

さて，それではその他の等級における習熟昇給額と昇格昇給額はどのように計算するのだろうか。習熟昇給額は一定のリズムを持って計算する。例示では5等級に3,300円を設定したが，上下に1割展開で習熟昇給を設定した。4等級は3,300円×1割＝330円で，端数を3捨4入で30円の端数は捨て300円マイナスの3,000円，3等級は同じく300円マイナス2,700円，2等級は300円マイナスで2,400円，1等級は300円マイナスで2,100円とセットする。

5等級以下の習熟昇給欄が埋まったが，6等級以上の習熟昇給はどのように計算すれば良いのだろうか。この等級クラスは管理職位であり，成果で賃金を獲得するクラスでもある。したがって，習熟（経験）で昇給するクラスではないので習熟昇給無しにして，その原資を昇格昇給に加算して処理するのが正しい対応であると思われる。

しかし，従来の年功賃金から一気に能力・実力主義の賃金に切り替えること

には，頭の切り替えもできない社員も多いはずである。まず，スムーズに職能給を導入することにポイントを置いて，習熟昇給は3,300円の1割展開を強めに計算し，400円プラスの3,700円とセットする。更に，7等級にも3,700円プラス400円で4,100円とセットする。

残った8～9等級は部長職位であり，習熟昇給（定昇）があること自体がおかしなことである。上位等級は定昇抑制のS字型カーブとするのがこれからの賃金のあり方であろう。いずれにしても，経営体質強化のためにも上から意識改革を進める必要があることから習熟昇給欄は0円とし，習熟昇給部分の原資を昇格昇給に加算する。こうすることによって，昇格昇給はメリハリのある金額に設定することができる。

残りは昇格昇給の計算である。昇格昇給は1年当たりの昇格ピッチ2,300円に昇格モデル年数を乗じた形でセットする。しかし，7等級の昇格昇給は18歳から40歳までの職能給（習熟昇給と昇格昇給）の割り振りの結果として，その残額が7等級の昇格昇給額としてセットされる。すなわち，職能給ピッチ＠5,600円×22年間≒123,200円の原資に合致するように計算する。

それでは例示に従って等級別に昇格昇給を設定してみよう。

1等級から2等級に昇格したときの昇格昇給はどう計算したら良いのだろうか。1等級は18歳高卒の初任格付けであり，例示の初任給は158,000円（職能給31,600円，年齢給126,400円）。2等級は20歳短大または専門学校卒の初任格付けの等級である。さらに，3等級は22歳大卒の初任格付け等級であり，初任給は185,000円（職能給45,000円，年齢給は先に年齢給表を作成したがその年齢給表を見ると22歳の年齢給は140,000円）である。22歳大卒の職能給45,000円と高卒18歳の職能給31,600円との格差は約13,400円ある。

高卒から大卒まで4年間で，職能給への配分原資が13,400円ある。1年当たりでは3,350円の原資がある。しかし，この原資をすべて昇格昇給に使うことはできない。なぜならば，職能給には習熟昇給への原資も必要であるからである。基本給ピッチの配分を見れば，1年当たりの昇格昇給は2,300円である。したがって，2年分の昇格昇給4,600円を踏まえて2等級の初号賃金を計算すると，1等級の初号賃金31,600円＋（習熟昇給2,100円×2年間＋昇格昇給2,300

×2年)≒40,400円となる。

　しかし、例示の職能給サラリースケールの計算(例示)の記載を見ると、2等級の初号賃金は38,000円であり、2,400円少ない。この初号賃金の違いを検証してみよう。

　この金額差は22歳大卒初任給との関連で生じている。大卒初任給(3等級1号)は、本来であれば、下位等級(1等級および2等級)の習熟昇給と昇格昇給の積み上げ計算で算定するが、世間相場で大卒初任給を単独で決める企業が多いため、他の等級別職能給スケールと連動した賃金カーブになっていないことを意味している。

　大卒初任給から計算した3等級初号賃金は45,000円であるから、1等級31,600円との差額は13,400円である。この差額を習熟昇給と昇格昇給の4年間で埋める。

　すでに習熟昇給は1等級2,100円、2等級2,400円とセットされており、習熟昇給では1等級に2,100円×2年間、2等級に2400円×2年間在級するので習熟昇給で使用した原資は9,000円である。13,400円から9,000円を差引きした残額4,400円が昇格昇給の原資になる。昇格昇給は、1等級から2等級への昇格、2等級から3等級への昇格で2回ある。したがって、4,400円÷2回≒2,200円となり、2等級の昇格昇給2,200円、3等級昇格昇給2,200円とセットしている。

　次に4等級、5等級、6等級の昇格昇給の計算を見てみよう。4等級はモデルで3等級3年滞留で4等級に昇格するので、1年当たり昇格昇給2,300円×3年間≒6,900円。同じく5等級は4等級3年滞留で5等級に昇格するので、2,300円×3年間≒6,900円。6等級は5等級4年滞留で6等級に昇格するので、2,300円×4年間≒9,200円と計算する。

　留意点は7等級の昇格昇給の計算である。記述のように、7等級は職能給ピッチ5,600円×22年間(40歳−高卒18歳)＝123,200円の残差計算である。

　残差計算は40歳到達までに使用した習熟昇給と昇格昇給をすべて差引きする。計算は次のように行う。

　123,200円−(1等級：習熟昇給2,100円×2年間)＋(2等級：習熟昇給2,400円×2年間)＋(3等級：習熟昇給2,700円×3年間)＋(4等級：習熟昇給3,000円×

3年間）+（5等級：習熟昇給3,300円×4年間）+（6等級：習熟昇給3,700円×4年間）+（7等級：習熟昇給4,100円×4年間）（7等級昇格モデルは36歳，40歳までの滞留年数は4年間である。8等級への昇格モデルは41歳）。習熟昇給の引き算が終わったら，次に引き続き1～6等級までの昇格昇給の引き算を行う。2等級2,200円，3等級2,200円，4等級6,900円，5等級6,900円，6等級9,200円を引く。以上の残額25,300円を7等級の昇格昇給欄に記入する。

　ここで高卒初任給18歳158,000円をベースに順調にモデルで昇格し，40歳に達したとき，343,000円の基本給に合致しているか否かをチェックしてみる。40歳の職能給は7等級，36歳初号賃金は138,400円で習熟昇給4,100円×4年分をプラスすることによって40歳時の職能給は154,800円となる。これに40歳時の年齢給188,000円を加算すると合計342,800円で200円不足している。しかし，これは端数処理の誤差であり，計算に誤りがないことが理解できよう。

　すなわち40歳基本給343,000－18歳高卒初任給158,000＝185,000÷22年間≒8409.09≒ピッチ8,400円で計算をしているための誤差である。

　8～9等級の昇格昇給は習熟昇給分を上乗せし，政策的に8等級に50,000円，9等級に60,000円をセットしている。

③　初号賃金の計算

　まず，1等級高卒初任給の職能給初号賃金であるが，例示の高卒初任給158,000円から18歳の年齢給126,400円を差引くと31,600円となる。この額を1等級の初号賃金欄にセットする。

　次に22歳の大卒初任給を例示で見ると185,000円である。22歳はモデルでは3等級であり，185,000円から22歳の年齢給（例示140,000円）を差引いた残額45,000円が3等級の初号（職能給）賃金になる。

　歯抜けになっている2等級初号賃金の計算は，1等級の初号賃金31,600円＋習熟昇給2,100円×1等級モデル滞留年数2年間で2等級昇格時の昇格昇給2,200円をプラスして38,000円となる。

　同じように，4等級初号賃金は3等級初号賃金45,000円に3等級の習熟昇給2,700円×3等級モデル滞留年数3年＋4等級昇格昇給6,900円と計算する。

以下，同様に5等級初号賃金は4等級初号賃金60,000円＋4等級習熟昇給3,000円×3年＋5等級昇格昇給6,900円，6等級初号賃金は5等級初号賃金75,900円＋5等級習熟昇給3,300円×4年＋6等級昇格昇給9,200円，7等級初号賃金は6等級初号賃金98,300円＋6等級習熟昇給3,700円×4年＋7等級昇格昇給25,300円，8等級初号賃金は7等級初号賃金138,400円＋7等級習熟昇給4,100円×5年＋8等級昇格昇給50,000円，9等級初号賃金は8等級初号賃金208,900円＋9等級昇格昇給60,000円と計算する。

④ 上限賃金の計算

1等級の上限賃金の計算から順を追って説明をする。能力の成長幅は始まりと終わりというようにレンジ幅がある。能力の成長を受けとめた賃金が職能給である。

したがって，1等級の上限賃金は1等級の初号賃金31,600円＋（1等級の習熟昇給2,100円×4年＝8,400円）＝40,000円となる。

初号賃金から始まり習熟昇給幅を4年で計算しているが，この年数は1等級のモデル滞留年数2年×2倍で計算している。

モデルでは，1等級の職務（課業）は滞留2年でマスター（卒業）することを期待しているが，能力の成長努力は人によっても異なることから，滞留年数の2倍で上限賃金を計算している。

⑤ 張り出し昇給

上限賃金に達した後は，昇格しない限り昇給はないのが妥当といえよう。しかし，従来は年功給で昇給ありを，いきなり上限に達したからといって直ちに昇給を止めてしまっては問題が生じるおそれがあろう。そこで職能給に移行した後で，しばらくの間は上限を超えての昇給，つまり張り出し昇給として習熟昇給の2分の1程度の額をモデル滞留年数分だけ認める形でセットする。このお情け的な昇給を何等級まで設定するかは自社の実態を考慮し企業内の納得性と政策で決めることが必要であろう。しかし，新賃金移行後はこれらの救済措置は取り払うなどの整理をしておかなければならない。いつまでも心情的な賃

年齢給・職能給の策定 その2. 87

金を残しておくことは職能給に置き換えた意味がないからである。

さて，例示では1等級の張り出し昇給は習熟昇給2,100円の半額で1,050円の2年分を $(1,050)^2$ で表示している。以下，同様に表示している。

2等級は2,400円の半額で1,200円の2年分を $(1,200)^2$
3等級は2,700円の半額で1,350円の3年分を $(1,350)^3$
4等級は3,000円の半額で1,500円の3年分を $(1,500)^3$
5等級は3,300円の半額で1,650円の4年分を $(1,650)^4$

図表5-11 職能給サラリースケールの計算（例示） （単位：円）

等級	理論モデル 年齢	理論モデル 滞留年数	習熟昇給	昇格昇給	初号賃金	上限賃金	張り出し昇給	張り出し上限賃金
9	46		—	60,000	268,900	268,900		
8	41	5	—	50,000	208,900	208,900		
7	36	5	4,100	25,300	138,400	179,400		
6	32	4	3,700	9,200	98,300	127,900		
5	28	4	3,300	6,900	75,900	102,300	$(1,650)^4$	108,900
4	25	3	3,000	6,900	60,000	78,000	$(1,500)^3$	82,500
3	22	3	2,700	2,200	45,000	61,200	$(1,350)^3$	65,250
2	20	2	2,400	2,200	38,000	47,600	$(1,200)^2$	50,000
1	18	2	2,100	—	31,600	40,000	$(1,050)^2$	42,100

1等級の上限賃金は1等級の初号賃金31,600＋1等級の習熟昇給2,100円×4倍
2等級の上限賃金は2等級の初号賃金38,000円＋2等級の習熟昇給2,400円×4倍
3等級の上限賃金は3等級の初号賃金45,000円＋3等級の習熟昇給2,700円×6倍
4等級の上限賃金は4等級の初号賃金60,000円＋4等級の習熟昇給3,000円×6倍
5等級の上限賃金は5等級の初号賃金75,900円＋5等級の習熟昇給3,300円×8倍
6等級の上限賃金は6等級の初号賃金98,300円＋6等級の習熟昇給3,700円×8倍
7等級の上限賃金は7等級の初号賃金138,400円＋7等級の習熟昇給4,100円×10倍
8等級の上限賃金は8等級の初号賃金208,900円＋8等級の習熟昇給0円
9等級の上限賃金は9等級の初号賃金268,900円＋9等級の習熟昇給0円

⑥ 張り出し上限賃金の計算

現状を是認し，年功賃金から職能給へ移行することによって穏やかに新賃金に置き換えることができる。しかし，レンジの幅を広げるといっても，上限賃

金を超えてから無制限にレンジ幅を広げては職能給を入れた意味がない。職能給が定着した段階で，今度は数年かけてレンジ幅を理論幅に縮めることが必要である。賃金政策を明確にして取り組むことが大切である。

サラリースケール計算の例示に従って張り出し上限賃金の計算をしてみよう。

1等級の上限賃金は，40,000円＋1等級の張り出し昇給2,100円（1,050円×滞留年数2年分）で42,100円となる。

2等級の張り出し上限賃金は，2等級の上限賃金47,600円＋2等級の張り出し昇給2,400円（1,200円×2年分）で50,000円。

3等級の張り出し上限賃金は，3等級の上限賃金61,200円＋3等級の張り出し昇給4,050円（1,350円×3年分）で65,250円。

4等級の張り出し上限賃金は，4等級の上限賃金78,000円＋4等級の張り出し昇給4,500円（1,500円×3年分）で82,500円。

5等級の張り出し上限賃金は，5等級の上限賃金102,300円＋5等級の張り出し昇給6,600円（1,650円×4年分）で108,900円。

以上の計算で職能給サラリースケールの計算ができた。このサラリースケールを賃金表に置き換え，この賃金表を適用して1人ひとりの賃金が決まる。

(8) 各種賃金表の特徴

賃金は，一般的に「基本給」とそれ以外の「付加的な手当」によって構成されている。基本給は文字どおり賃金の基本的な部分であり，手当は受給条件を満たした人に支給をする賃金である。基本給の昇給は賃金表に基づいて行うのが原則である。職能給の昇給には習熟昇給と昇格昇給の2つがあり，このことについては既述のとおりである。

職能給は昇給システムを持つ賃金であり，賃金表によって明示されている。すなわち，昇給システムを持つのは人間基準賃金の適用者であり，仕事基準賃金では仕事の価値が高まらない限り賃金の昇給はない。人間基準賃金と仕事基準賃金の特質を次に簡単に述べておこう。

賃金を決めるシステムを賃金体系というが，その賃金体系の類型には人間基準賃金（Personnel基準）と仕事基準賃金（Job基準）の2つがある。社員とし

てどのくらいの能力（修得能力，習熟能力）があるかで決める賃金を職能給という。これは人間基準賃金である。一方，今，何をやっているかの仕事で決める賃金を仕事基準賃金という。また，ある職種について，職種内の仕事をどのくらいできるかで決める賃金を職種給という。この職種給は人間基準賃金と仕事基準賃金をミックスにした賃金である。以上，賃金体系は大きく3つある。

　冒頭に述べた定昇のある賃金は職能給と職種給である。職務給は仕事に値札が付くので原則として定昇はない。職務給は高い値札の仕事に就けば賃金は上がり，低ければ下がる。人間基準賃金は仕事が変わっても賃金は変わらない。なぜならば，人間基準賃金は人についた賃金であるからである。

　例示の職能給サラリースケールは，まさに人間基準賃金である。ここでは例示の職能給サラリースケールをベースに賃金表を作成する。賃金表には4種類あるが，その特徴についても述べることにする。

(9) 賃金表の種類

　わが国のこれからの賃金カーブは，働きに見合った凸型カーブに修正していかなければならない。能力は成長期と止まる時期がある。職能給もエンドレスに昇給し続けることはない。必ず始まりと終わりがある。

　能力（職務遂行能力）を賃金（職能給）に置き換えると，その賃金表は号俸表，昇給表，段階号俸表，複数賃率表の4種類になる。それぞれ一長一短があるが，企業の実態や企業ニーズを考えて選択することになる。それぞれの賃金表の特長について説明すれば次のとおりである。

① 号俸表とは

　この賃金表は職種別，等級別に各号俸別に賃金を決めている。各等級の1号に職能給のサラリースケールの初号賃金をセットし，各等級の2号は各等級の初号にそれぞれの習熟昇給額を順次加算して3号，4号と各号俸を設定して作る。そしてスケールの上限賃金で昇給ストップとなる。

　特徴は1年に1号ずつ進む標準昇給額を等級別号俸別にセットした賃金表であり，「公務員型賃金表」ともいわれている。原則として昇給査定は行わず，

昇格がなければ昇給は最終号俸で止り，能力の差は上位等級昇格時に反映される仕組である。

　一般的には，公的機関を除き民間企業での採用は少ない。

図表5-12　号俸表（例示）

級＼号	1	2	3	4	5	6	7	8	9
1	31,600	38,000	45,000	60,000	75,900	98,300	138,400	208,900	268,900
2	33,700	40,400	47,700	63,000	79,200	102,000	142,500		
3	35,800	42,800	50,400	66,000	82,500	105,700	146,600		
4	37,900	45,200	53,100	69,000	85,800	109,400	150,700		
5	40,000	47,600	55,800	72,000	89,100	113,100	154,800		
6	(41,050)	(48,800)	58,500	75,000	92,400	116,800	158,900		
7	(42,100)	(50,000)	61,200	78,000	95,700	120,500	163,000		
8			(62,550)	(79,500)	99,000	124,200	167,100		
9			(63,900)	(81,000)	102,300	127,900	171,200		
10			(65,250)	(82,500)	(103,950)		175,300		
11					(105,600)		179,400		
12					(107,250)				
13					(108,900)				

（　）内数字は張り出し昇給。

②　昇給表とは

　本来，能力で賃金を決める賃金表であれば能力＝賃金の絶対額で示さなければならないが，この昇給表は等級別，人事考課別に昇給額だけを示した一覧表で，正式には賃金表とはいい難い。

　考課ランクが標準Bとすれば各等級のB系列に習熟昇給額をセットし，ある一定の割合でA，SおよびC，Dと展開をする。一定の割合とは，例えば1割展開ではB考課の1割で左右に展開する。すなわち，B考課が2700円とするとその1割は270円となるが，これを100円単位に切り上げ300円単位で左右に展開し，その結果，A考課者には3,000円，S考課者は3,300円，逆にC考課者にはB考課者の2,700円から300円マイナスの2,400円，D考課者はさらに300円マ

イナスの2,100円の昇給額としてセットする。展開幅をどの程度にするかは企業ニーズや企業内の公平感で決めれば良い。一般的には１割から２割の展開が多い。

図表5-13 昇給表１割展開（例示）

等級＼ランク	S	A	B	C	D
1	2,700	2,400	2,100	1,800	1,500
2	3,000	2,700	2,400	2,100	1,800
3	3,300	3,000	2,700	2,400	2,100
4	3,600	3,300	3,000	2,700	2,400
5	4,100	3,700	3,300	2,900	2,500
6	4,500	4,100	3,700	3,300	2,900
7	5,100	4,600	4,100	3,600	3,100
8	―	―	―	―	―
9	―	―	―	―	―

③ 段階号俸表とは

号俸表とよく似ているが，異なる点は号俸表は毎年１号俸ずつ昇給をするのに対して，段階号俸表では標準者であれば４号ずつ昇給するという形である。標準昇給号俸数を５号または４号，３号といかようにも設定することができる。この段階号俸表の採用は昇給査定を行いたい，査定の累積もしたいなどといった賃金表である。

例示の段階号俸表は標準４号昇給で作成している。標準４号とは，例えば人事考課でB（普通＝期待レベル）考課の評価を受けたときに昇号する号数を表している。例えば，３等級１号俸在級者（45,000円）が，B評価を得たときの昇号は４号昇給するので47,700円となる。もしA考課のときは５号昇給するので48,375円，S考課のときは６号昇給するので49,050円となる。逆にC考課のときは３号昇給で47,025円となる。読者の理解を得るために賃金表は円単位で表示しているが，100円単位に整理し表示する場合が多い。その場合は端数を整理し，標準号俸で差額を合致させる方法をとるのが一般的である。

図表5-14 段階号俸表（標準4号昇給）（例示）

級号	1	2	3	4	5	6	7	8	9
①	31,600	38,000	45,000	60,000	75,900	98,300	138,400	208,900	268,900
2	32,125	38,600	45,675	60,750	76,725	99,225	139,425	—	—
3	32,650	39,200	46,350	61,500	77,550	100,150	140,450	—	—
4	33,175	39,800	47,025	62,250	78,375	101,075	141,475	—	—
⑤	33,700	40,400	47,700	63,000	79,200	102,000	142,500	—	—
6	34,225	41,000	48,375	63,750	80,025	102,925	143,525	—	—
7	34,750	41,600	49,050	64,500	80,850	103,850	144,550	—	—
8	35,275	42,200	49,725	65,250	81,675	104,775	145,575	—	—
⑨	35,800	42,800	50,400	66,000	82,500	105,700	146,600	—	—
10	36,325	43,400	51,075	66,750	83,325	106,625	147,625	—	—
11	36,850	44,000	51,750	67,500	84,150	107,550	148,650	—	—
12	37,375	44,600	52,425	68,250	84,975	108,475	149,675	—	—
⑬	37,900	45,200	53,100	69,000	85,800	109,400	150,700	—	—

④ 複数賃率表とは

　この賃金表はひとつの等級で1枚ずつの賃金表が作成する。つまり，資格制度が9等級であれば9枚の表が作られる。そして人事考課によりBは標準賃率，各号俸の賃金がそのまま入り，S，Aは加算賃率，C，Dは減額賃率が左右にセットされる。

　運用は毎年1号昇給するが，昇給する際，その場所が人事考課によって決まる。つまり，複数賃率表は昇給査定方式ではなく，今現在の能力の高さで場所を査定し賃率が決まる。例えば，ある人が3年続けてSを取り4年目にBを取ったとしよう。もう1人は3年続けてD考課で4年目でBを取ったとすると，2人の4年目の賃金は全く同じである。

図表5-15　複数賃率表5等級（4段階一致）（例示）

号俸＼ランク	S	A	B	C	D
1	77,550	76,725	75,900	75,075	74,250
2	80,850	80,025	79,200	78,375	77,550
3	84,150	83,325	82,500	81,675	80,850
4	87,450	86,625	85,800	84,975	84,150
5	90,750	89,925	89,100	88,275	87,450
6	94,050	93,225	92,400	91,575	90,750
7	97,350	96,525	95,700	94,875	94,050
8	100,650	99,825	99,000	98,175	97,350
9	103,950	103,125	102,300	101,475	100,650

　一切過去を問わない完全キャンセル方式の賃金表である。

　例示は4段階一致であるが，2段階，3段階，5段階一致などさまざまな作り方がある。例示の5等級の標準昇給額は3,300円であるが，これを4段階一致で賃率表に置き換えると3,300円÷4＝825円で格差展開をすることになる。端数の25円はプラスメリットとしてAに100円単位に整理をして一括処理をするのが普通だが，ここでは計算のロジックを理解するために端数をそのままセットしている。計算方法は，B系列の各号俸の額に825円を加算した額をA系列の各号俸にセットする。さらに825円を加えた額をS系列にセット，またC系列にはB系列よりも825円マイナスの額を，さらに825円を差し引いた額をD系列にセットし1号俸欄を作成する。その後の号俸は毎年誰でも1号俸（3,300円）づつ進む。5等級の習熟昇給3,300円を，また上限賃金到達後は，張り出し賃金として習熟昇給1,650円をS～Dの各系列に加算をし，張り出し上限賃金に達するまで加算をする。

　以上4つの賃金表の中でどの賃金表を選択するかは企業のニーズや労使政策で決めることになるが，職能給（能力賃金）であれば，今日，現在の能力で決める賃金である「複数賃率表」が最も理想的な賃金表といえる。

3 職能給表の適合度検証

　賃金表を作成しても，その賃金表が自社の賃金実態からかけ離れていたり，また世間相場や生計費に対して不適切であっては公正な賃金決定基準とはいえない。また，自社の生産性から判断して新賃金に乗り換えるのに多額の原資を必要とするならば，設計は正しくても実際の賃金表として活用することはできないだろう。

　したがって，この新賃金表を使用した場合，従来と比べて一体どの程度の原資を必要とするのか，別に移行原資を用意する必要があるのか，1人ひとりの整合性はどうなのかをシミュレーションしなければならない。

　その結果，整合性が悪いのであれば設計の仕直しが必要になる。次にどのようにシミュレーションを行うのか，そのチェックポイントを見てみよう。

(1) シミュレーション作業

　賃金の模擬検証には2つある。ひとつは年齢給表であり，もうひとつは職能給表〈サラリースケール〉に上手く適合するか否かである。第一の年齢給表は，例示に見るように理論モデルに沿って算定したが，賃金の高さ，ピッチ配分および水準がどのような状態にあるのか，また人事院の標準生計費などと比較をしてどのような状態にあるのかを検証する。

　基本給に占める年齢給の割合は当初の設計どおりに作成されているか，例えば18歳は8割，34歳は6割，定年年齢で4割と最初に目指したとおりの割合になっているかを確認する。

　シミュレーションの第二は，全社員がこの新しい賃金スケールに上手く適合するか否かの検証である。そのため個人別賃金検討表を作成する。まず，職能資格制度（フレーム）に合わせて全社員の等級確認から行う。等級格付けについては仮格付け期間を設け，役職者については下限等級で設定する。

　すなわち，係長職位にある者は5〜6等級，課長職位7〜8等級のレンジが設定されていた場合は，係長5等級，課長7等級というように，能力の判定期

間を評価する猶予期間の間は下限等級に設定するのが良いやり方である。

一方，一般社員は年齢と学歴で決める。この年齢を一般的に標準年齢といっているが，学卒年齢を高卒者18歳は1等級，短大卒20歳2等級，大卒22歳3等級に各付ける。すなわち，学校卒業年次でまず等級を決め，次に年齢をかみ合わせる。高卒後何年経過したか，3年経過していれば標準年齢は21歳であるので2等級，大学を卒業後5年経過しているので標準年齢は27歳という具合である。また50歳以上者は全員4等級格付けという具合である。一般社員は学歴と年齢で決めるので全くの年功基準での格付けである。

穏やかに皆一諸に格付けし，ここから昇格基準に従って厳しく審査を行い，3年程度で真の能力主義人事がスタートする。

さて等級が決まったら，現基本給から年齢給表に定めた年齢給を差引いた残額を職能給移行のための職能給予算額とし，この額を職能給賃金表（段階号俸表等）に照らし合わせ，ちょうどの額があるときはその号俸の職能給を，もしちょうどの額がない場合は直近上位の号俸額の職能給額がその人の職能給となる。この場合，プラス原資が必要になるので職能給修正値欄に必要原資額を記入する。反対に，職能給上限額を超える職能給移行原資を持つ者については上限額を超えた額をマイナスとして職能給修正欄に記入する。

図表5-16　個人別賃金検討表

氏名	所属	役職	年齢	勤年	（イ）現基本給	新等級	（ロ）年齢給（職責給）	（イーロ）職能給予算額	職能給号俸額	修正値（＋・－）

一方，この個人別賃金検討表を基に職能給上限賃金と初号賃金のチェック表（シミュレーション）を作成する。職能給移行のための予算額をグラフ上に等

級別に全員プロットする。

プロット図ができたら，そのプロットの上に等級別にスケールの初号賃金（Aライン）上限額（Bライン），張り出し額（Cライン）のそれぞれを点で明示し，この点と点を線で結び等級別賃金の現状分布状況を確認する。

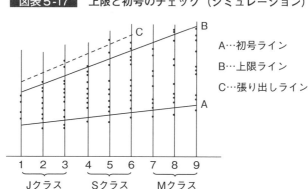

図表5-17　上限と初号のチェック（シミュレーション）

つまり，初号賃金と上限賃金の間の領域に現在の各人の賃金がプロットされていれば，賃金表は実態として問題がないということになる。もし初号ラインを下回っている者が多い場合は，新賃金体系移行時に原則として初号賃金まで引き上げなければならず，移行原資が必要になる。逆に，上限ラインを超えている者がいる場合は，賃金の調整をしなければならない。

このように，シミュレーションはモデル賃金の中身の吟味とサラリースケールの上限と初号賃金の間に各人の職能給が上手くセットされているかの適合度をチェックする形で行う。

(2) 移行時の取扱い

初号ラインに満たない者，上限ラインを超えている者の職能給移行の取り扱いは，労使でよく話し合い，次のどの案を採用するのかを政策的に決めなければならない。

＜初号賃金ラインを下回る者の対応＞
① 追加必要原資を用意して初号賃金まで引き上げる。これが原則的なやり方である
② 初号賃金までの乖離が大きい場合は数年かけて初号賃金まで引き上げる
③ 初号賃金を下げる。前張り出しを作り対応する
④ 初号をとりはずし移行をする
⑤ 賃金表ではなく昇給表を使う

＜上限賃金ラインを超える者の対応＞
① 超えた額を調整手当てとして凍結して以後払い続ける
② 調整手当てとして切り離し3～5年かけてベアの度に調整し解消する
③ 全員をカバーできる程度に張り出し昇給の領域（レンジの幅）を広げる
④ 上限賃金をとりはずす（青天井とする。）
⑤ 昇給表を使用する

(3) 新賃金移行時の職能資格等級の格付け

新職能給の移行にあたっては全社員を等級に格付けを行わなければならない。「格付け」基準の考え方は原則として次のとおりである。
① 各人の現行賃金が引き下げにならないように最善の配慮をする
② 現役職位に引き続きとどまることが著しく不適当な者を除き、降職または解職しないように配慮する
③ 資格等級や号俸の決定にあたって上限賃金を超える金額がある場合は、その額はすべて「調整給」として取り扱う
④ 移行基準は客観的な基準を優先する。例えば、次のように職能階層毎の格付けポイントを明確にして実施する。新しい資格制度への格付けは従来とは異なった秩序を新たに形成することを意味している

特に年功主義から能力・役割主義新人事制度に置き換えるときには、穏やかに軟着陸させることが必要である。新人事制度の導入は、従来とは異なった新秩序を新たに形成することを意味している。それだけに、あまり急激な変革は

混乱を招くので十分に注意して取り込む組むことが必要である。移行時は従来の各人の地位秩序も尊重し，新しい基準原則を睨みながら格付け評価をすることが大切である。

　ジュニアクラスにおいては学歴，年齢，勤続を中心に例外者（特に執務態度が悪いなどの者）を除き基準を作り，自動的な考え方で資格等級を決める。

　シニアクラスにおいては現資格や今やっている仕事の難易度，人事考課成績を中心にして格付けをする。

　マネジメントクラスにおいては現在の役職位，役職在級年数，移行時の職能評価などにポイントを置いた基準により，ある程度穏やかに現実的な妥協も考慮して移行を実施する。

　以上のように，新制度スタート時は年功人事である。しかし，制度スタート後の昇格は，年功基準は一切認めない。昇格基準を厳正に実施し，ここから始めて能力，役割，成果主義人事へと移行することになる。

① 現在の各人の資格などの位置づけ
② 現在の役職位と在職年数
③ 現在担当職務の難易度
④ 過去の人事考課
⑤ 勤続年数（経験年数，学歴，年齢）
⑥ 移行時の職能評価

(4) 年功賃金から能力・成果主義賃金への移行

　年功賃金に慣れ親しんできた賃金を能力・成果主義賃金に切り替えるには，社員意識の啓蒙説明会など，客観的で納得性の高い基準がないと全社員の理解と納得を得ることはなかなかできない。そこで，新賃金に切り替え時は年功要素を是認しながら穏やかに現状賃金を保障し，新賃金を導入することが現実的対応である。

　この時点で外見は能力・成果主義賃金体系であっても，実際の中身は従来の年功を尊重した年功賃金である。しかし，能力・成果主義賃金の導入を真面目

に受け止めて，基準に従い等級格付けや賃金カットなどを行っては，到底，新制度の導入は不可能である。どのように説明しても，また能力・成果主義賃金へドラスチックに転換すると，やる気を喪失し，混乱を生じるだけではなく退職者も続出する。

　職能給は能力主義賃金であるので，学歴，経験，性別などの年功基準のファクターは一切関係がない。しかし，新賃金への置き換えるときには，これらの年功基準で等級格付けや賃金保障も行う。成果主義賃金導入においても同様であり，成果主義賃金のベースは能力であり，能力があって初めて成果に結びつく。

　新賃金スタート時はすべて年功処遇である。しかし，新制度導入後は能力・成果基準で厳正に人事考課，昇格審査を実施することによって，徐々に真の能力・成果主義人事，賃金制度に変わっていく。能力・実力のある者は在級する等級を順次卒業し上位等級に抜けていくからである。すなわち，優秀者は資格等級別に設定されたモデル年数（3～4年）に準じて順次昇格をしていく。

　この時点で，初めて真性な能力・成果主義人事賃金の配置になる。能力をしっかりと捉えるために職務調査を実施し職能要件書，役割要件書は作成しておくことが必要である。等級基準を明確にし，当基準によって各人の職能判定を厳正に行う。

　しかし，最初からこれらの手法をとるわけにはいかない。例えば，人事で給与計算を担当している部長がいたとする。給与計算は職務調査で3等級のジュニア業務の格付けとすると，この部長を基準どおりの3等級に格付けすることはできないからである。旧制度の序列を全く無視して職能評価を行い，基準だからといって能力のみで移行格付けを行ったとしたら一体どうなるだろうか。理論は正しくても，反発は避けられないだろう。そこで，能力・成果主義人事，賃金制度への移行時には，猶予期間を置き，本人の真の能力と実力を把握することに努めなければならない。したがって，やむを得ない現実的処置として年功要素（学歴，勤年，年齢）などを加味することも必要である。

　ジュニアクラスは会社の中の学校と考え，学歴，年齢，勤続を中心に自動昇格的な考え方を基準に執務態度に特段問題がなければ年功基準で昇格をさせる

ことが原則である。また、シュニアクラスでは能力の伸長度が最も期待されるクラスである。したがって、担当職務の難易度（職務拡大の可能性）人事考課結果にウエイトを置く。マネジメントクラスは役職職階の下限等級とその在級年数で等級格付けを行うのが原則的な考え方である。格付けの原則は既述のとおりであるが、等級格付けの留意点は迷ったら下の等級に格付けることを基本とする。

職能資格制度では卒業方式を原則とし、降格は原則としてないので、格付けは慎重に行わなければならない。

(5) 職能給への移行方法

年功賃金から職能給への移行にあたっては、再三述べているように現行賃金を保障することを原則として実施する。能力型賃金体系は、基本給は労働対価を職能給、生活保障部分を年齢給として構成する。したがって、職能給部分は現基本給から年齢給部分を差引きした残額を職能給充当額とし設定する。このため、後輩が先輩を上回った職能給額になる場合も多々ある。先輩と後輩が同一資格等級にいる場合である。マイナスする年齢給が少額であるため、後輩の職能給額が大となる逆転現象である。これらの状況が生じるのは、従来の賃金の決め方が総額決定方式であったことを意味している。賃金総額方式とは、先輩の賃金は後輩より総額で100円でも上回っていれば良いとの考え方で賃金を決めてきた結果によるものである。これらの状況は、年功賃金を採用している多くの企業に見られる現象である。

賃金を理論的に生活保障の原則、労働対価の原則で分析した結果、このような逆転現象が見られるようになったのである。しかし、これらの逆転現象を一気に手直しをするには相当の原資を必要とするため、3～5年かけて昇給の度に調整ベア原資を使って修正していくのが実務的処置といえる。能力主義賃金は3～4年位で定着し、能力のある者は順次上位等級に昇格し本来の能力賃金になるからである。

なお、職能給充当額は、その人を等級格付けした職能給賃金表に同額の職能給があるときにはその額を適用し、その額が賃金表にないときには直近上位の

金額を適用し職能給額が決まる。なお，直近上位金額を適用する場合には，多少の移行原資を用意しなければならない。

第6章 賃金表の運用
● 賃金表のベア改定

1 中途採用者の賃金の算定の仕方

　職能給における中途採用者の賃金算定はどう行えば良いのだろうか．中途採用候補者の職務遂行能力は面接時にはわからない．年功賃金時代の中途採用者の賃金決定にあたっては社内在籍者とのバランスを見て，また前職歴経験か，前職収入との兼ね合いを見て決めるやり方であった．特に大切なのは社内在籍者とのバランスであり，同一職種，職務経験者では，社内在籍者を上回らないように減額基準を適用する企業も多数であった．

　しかし，能力・成果主義賃金導入後においては，職務遂行能力や成果が賃金決定の重要なファクターになる．中途採用も定期採用も，賃金決定基準は職務遂行能力と成果が中心になるが，採用時には職務遂行能力と成果は見えない．

　そこで，この能力については，この仕事ができる能力を保有しているから能力ありと，客観的におおよその見当をつけなければならない．賃金を決定するにあたって一番大切なことは，その人の能力（可能性）を買うのか，それとも仕事の価値を明確にしてその仕事の価値を買うのかである．いずれにしても，これらの新賃金を適用するためには，「能力・役割主義人事制度」に基づく賃金表により初任給を算定することが必要である．しかしこの制度を入れるには，職種別，等級別に「課業（仕事）一覧表，職能・役割要件書」を作成することが必要である．

　そこで，中途採用者の初任給賃金決定は原則として次の方法による．

(1) 初任資格等級の格付けと初任給の算定

「課業一覧表，職能・役割要件書」で担当させる課業（仕事）をチェックさせ，職務遂行能力の位置づけ（資格等級）を確認することがスタートで，次の２段階のステップを踏んで初任給を決めるのがルールである。

第１ステップは，①仕事（課業）一覧表，要件書を使い，できる仕事，経験をしてきた仕事をチェックさせ，職能資格等級の位置づけを決める。資格等級格付けにおいて迷ったら，下の資格等級に格付けることを原則とする。②資格等級を決めたら，賃金はその等級の初号賃金を適用する。

すなわち，入社時には，能力および実力の程度がまだ良くわからないので，どのような仕事ができるのか，またやってきたのか，これからやってもらう仕事は何かで資格等級を決め，格付けした資格等級の初号賃金を適用する。

第２ステップは，賃金調整が必要である。この調整を行わないと定期入社者との間に不公平な格差が生じたまま，放置されることになる。調整は２回に分けて行う。

①遅くとも入社後10カ月以内に成績考課を実施し職能給の号俸調整を行う。入社後６カ月が過ぎれば，仕事ができるか否かのある程度の判断ができ，成績考課が実施できる。等級は変更せずに，しばらくの間は能力の推移（成績考課）や実力を見て号俸調整を行う。

②３年以内に能力考課を実施し，必要とあれば仕事を見直し等級と号俸を調整する。

この２回の調整で等級と号俸，仕事を修正し，仕事や能力が定期採用者と同一であるならば勤続や前歴に関係なく同一の賃金水準まで引き上げる。また，３年を過ぎた者は二度と中途採用者とは呼ばない。

(2) 前収保障の中途採用者の賃金取扱い

前収を保障して中途採用をした者の賃金が，わが企業の賃金水準を上回る場合のオバー賃金の取扱いは次により対応する。

①前収を保障すると約束をして採用をした場合は，その超過額を調整手当として全額カバーする。

②その調整手当は3年以内に能力があれば基本給に吸収し，能力が不足する場合は，特に採用時に約束がない限り，3年以内にカットすることを原則とする。

調整のやり方は，毎年のベア時に該当者の調整手当の額を減じてベアの原資に一部補填をするなどにより，計画的に数年をかけて調整手当をカットする。また，昇格したときに基本給に吸収整理する。

 ## 賃金表の政策的作成

賃金の理論的な設計のベースになる生活保障の原則，労働対価の原則に基づく賃金設計の仕方を述べてきたが，生活保障の原則に基づく年齢給の導入など，理論どおりの賃金体系を導入できる企業はそんなに多くないのが現実である。ここでは，年齢給の導入ができない企業における賃金表の作り方を説明する。

(1) 労働対価による賃金設計の仕方

将来，賃金表の足がかりでも作成しておきたいという要望のある企業でのレーアケースである。すなわち，基本給ピッチが1,000円から1,500円程度ではまともな賃金表は作れない。しかし，形だけでも賃金表を作成し，たとえ500円でも，定期的な定昇制度を実施したいという企業もある。このような企業の多くは定昇制度を持たない。これらの零細企業が定昇制度を導入する目的は，企業の将来の発展を願って，社員が安心して働ける人事，賃金制度を整備して行こうという考え方から，将来の布石として取り組むところが多い。

それでは，基本給ピッチが1,500円程度しかない企業の賃金制度をどう設計したら良いのだろうか，次に事例で考えてみたい。先の賃金表設計においては，高卒初任給158,000円を18歳の年齢給と職能給の割合を18歳時の年齢給8割，職能給2割，または年齢給5割，職能給5割など，スタートの金額的割合を決め，その上に年齢ごとの年齢給を加算，一方，職能給には，職能資格等級別に定められた職能給額が加算される方式であったが，基本給ピッチが1,000円から1,500円では年齢給の加算額の原資が取れない。すなわち，年齢給賃金表を

設計することは不可能である。

したがって、労働対価の原則に基づく職能給のみの賃金表（定昇表）を設計することになる。

図表6-1 年齢給原資が取れない自社ピッチと配分

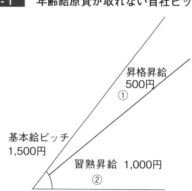

まず、初任給の構成を年齢給に代えて職責給として設定する。職責給は職種別にも職階別にも設定可能であり、固定賃金また可変性豊かな賃金としても設定が可能である。

職責給は仕事の質×量で表すことができる。この職責給にチャレンジ目標を加えたものを役割給と呼ぶが、欧米型の職責の重さを評価する単なる成果主義とは異なったものとなる。

仮に、例示の高卒初任給158,000円に対して5割を職責給として設定すると、すると79,000円となる。職責給については役職職階（一般、係長、課長、部長）が上級に上がることによって職責の重さも変わるので、額的にも増えるのが理屈である。しかし、原資を用意できない企業もある。事例では資格等級別に同額で計算している。高卒初任給158,000円から職責給79,000円をマイナスした残額の79,000円が高卒1等級18歳時の職能給となり、以降、職能給設計のサラリースケル計算の手順により順次計算を積み上げている。計算例示を示せば次頁のとおりである。

図表6-2 自社版サラリースケールの計算（例示）

職能資格等級	理論モデル		職責給	習熟昇給	昇格昇給	初号賃金	上限賃金	張り出し昇給	張り出し上限賃金
	年齢	滞留年数							
5	28	4	79,000	1,000	1,500	93,300	105,300	500	107,300
4	25	3	79,000	1,000	1,500	88,800	97,800	500	99,300
3	22	3	79,000	900	1,000	84,600	92,700	450	94,050
2	20	2	79,000	900	1,000	81,800	87,200	450	88,100
1	18	2	79,000	900	—	79,000	84,400	450	85,300

　習熟昇給は定昇を意味するが，額的には見れば経験給とネーミングをしたほうがベターかもしれない。また，習熟昇給は資格等級別に上位等級ほど昇給額が大になるのが理屈であるが，ここでは政策的にJクラスとSクラスの2区分に分け習熟昇給額を設定している。上限賃金は滞留年数の3倍，また張り出し上限賃金は理論滞留年数を加算し計算している。

　なお，6等級以上者の賃金設計については省略してあるが，企業の規模にもよるが，普通は管理職層にあたる。少人数であっても，地域別の人事院委員会のデータやハローワークの求人賃金情報を収集するなどにより世間相場の基本給ピッチを確認し，管理職，専任職賃金を設計しておくことが必要である。

　最後に残る問題は職責給の取り扱いである。

　そのひとつは，職責の重さは，役職職階別に違うのが理論である。しかし，基本給ピッチが1,500円程度では原資が取れない。例示のように職種別に同額として，原資が確保できるようになったという時点でメンテナンスをすることが望まれる。

　その2は，職責給の金額的高さ，山（Mountain）の割合である。この問題は初任給の内訳の割合をどうするかによっても変わり，また管理監督職職務の職責のウエイト付けによっても，その関連で変化する問題であることを理解し，原資ができた時点で適切に対処することが必要である。

　さて，上記の習熟昇給額は，人事考課結果のB考課（期待レベル，普通）の額を表示している。したがって，1割展開，2割展開などの政策的な昇給額を

設定することは企業ニーズでいかようにも展開可能である。賃金表の選択も同様である。

(2) 人事考課による昇給展開

賃金表の種類と人事考課による昇給展開は先に述べたとおりであるが、ここでは、今まで賃金表もない、昇給もトップの一声であったりなかったりの制度化されていない企業が非常に多い。

中小零細企業は大半がこのような状態にあるといえるがこのようなレベルの企業で初めて労働対価給の定昇制度を導入する場合は、一番簡単な「昇給表」の適用から入るのが一番わかりやすい。現行の基本給に考課別昇給額を加算していく一番簡便な方法である。この昇給表を数年使い、社員全体の基本給水準が上がった時点で「段階号俸表」「複数賃率表」へ切り替え、本来の「定昇制度」導入へとステップアップを図って行けばよい。たとえわずかな昇給額であっても、毎年制度として「定昇」が制度的に実施されることが大切なのである。考課段階も例示のように3段階程度で良い。

図表6-3　自社版昇給表（1割展開の場合）（例示）

号俸＼ランク	A	B	C
1	1,000	900	800
2	1,000	900	800
3	1,000	900	800
4	1,100	1,000	900
5	1,100	1,000	900

額も大切であるが、定昇制度の構築導入は、社員を大切にする経営者の基本的な経営姿勢を示すものであるからである。

3 賃金表の改定とメンテナンス

賃金プロット図を見ると、30歳から40歳前後にかけて賃金の立ち上がり方が

他の年齢層より明らかに弱く，いわゆる中だるみ現象が見られる企業がある。他の年齢層は大体3カ月分の臨時給与を加えて考えると標準生計費ラインをクリアするが，この年齢層では最低生計費（世帯者）を下回る者もおり，4～5カ月分の臨時給与を月々の生活維持費に当てることが必要な企業も数多く見られる。

これらの是正を含めて，ベアを実施する具体的なやり方とその理論的な背景を次に見てみよう。

(1) 生計費カーブの見直し

30～40歳にかけての賃金中だるみ現象は，今日多くの企業に見られる課題である。これを改善するためには，30歳にいたる手前の22～30歳間で生活昇給（年齢給）にアクセントをつけ，この年齢層のピッチ配分を最高に設定する。

生活昇給は本来，年齢別生計費カーブに準拠しライフワークに沿ってS字カーブを描く形になるが，中だるみを是正するためには前倒しで早めに賃金を引き上げるシステムを構築することが必要である。

今日の世帯形成状況（子供2人弱）から見ると，生計費のピーク点は48～55歳にあり，その年齢到達をもって昇給はゼロとする。また50代後半からは，世帯形成の減少期に入るため生活昇給はマイナス昇給とする。

以上のように，中だるみ是正の一方法として生計費カーブの見直しがあるが，これは賃金体系の基本的な見直し（年齢給ピッチ）を意味する。年齢給の年齢配分は先述の「年齢給表の作成の仕方」に沿って年齢給の年代配分（18～40歳）を行うことになる。

年代配分のポイントは，①30歳にアクセントをつける，②40～48歳は政策的に平均ピッチの半額にする，③48歳をピークとする，④55歳以降は1年につき1歳当たりの年齢給平均ピッチをダウンさせる。

18～22歳——（年齢給平均ピッチ×1.05倍，または1.1倍，1.2倍，0.7倍）

22～30歳——（年齢給平均ピッチ×1.2倍，または1.25倍，1.20倍，1.15倍，1.10倍）

30～40歳——残差計算＝(18～40歳の1歳当たり年齢給ピッチ)×22年間－(18～22歳の1歳当たりの年齢給ピッチ×4年間)－(22～30歳の1年当たりの年齢給ピッチ×8年間)÷(30～40歳までの10年間))

40～48歳──（年齢給平均ピッチの半額）

48～55歳──0円．

55歳～───マイナス年齢給平均ピッチ．

　30～35歳の賃金を上げるためには，30歳になって慌てて賃上げを行っても，30歳の賃金は上がらない．30歳までの昇給ピッチを急坂で設計しておくことが大切である．

(2) 職能給（習熟昇給ピッチ）の見直し

　職能給は昇格昇給と習熟昇給の2つによって構成されているが，この習熟（経験）昇給を職能資格等級にどのようにウエイト付けをするかは，中だるみ是正に影響を与える大切なポイントのひとつである．

図表6-4　職能クラス別昇給ウエイト

昇給項目		（ジュニア）Jクラス	（シニア）Sクラス	（マネジメント）Mクラス	備考
職能給	昇格昇給	―	○	◎	臨時昇給
	習熟昇給	○	◎	○	定期昇給
生活給	年齢給	◎	○	―	

　習熟昇給は，表のように下位職能（Jクラス）から次第にウエイトを高めていき，一番大きなウエイトをかけるのはSクラス（中間指導職能層，4～6の職能資格等級者）である．

　その上のMクラスはダウンさせるべきである．習熟（経験）昇給で賃金が上がるクラスではないからである．Mクラスでは職責成果に対する意識改革を進める必要があるからであるが，年功賃金から職能給への急速な転換は社内に無用な混乱を巻き起こす懸念もあり，切り替え時の2～3年は穏やかに対応することが得策である．

　そこで，Sクラスの上限等級とMクラスの習熟昇給は同額で設定する．能力のある者は実績で示せ，その評価は昇格昇給で行う．または業績反映部分は賞与で評価するというのが理論である．

このように，30歳代のSクラスの賃金ウエイトは逐次年齢給に替え，習熟昇給のウエイトを高めることにより中だるみの是正はもちろん，Sクラス層の仕事や能力の発揮度および技能・習熟カーブに見合った賃金配分となる。

　以上，見てきた年齢給・習熟昇給の見直しは，基本給ピッチの配分と基本給の性格をどうするかといった基本的な視点からの検討が大切であることを示唆している。

(3) ベアによる調整配分

　ベアが世間水準以上に実施されるときには，上回る部分の原資を調整配分に回して体系または是正該当者の個人別賃金（各人の職能給の号俸位置を前進させる）を修正する方法もある。

　その他，今日，約7割の企業で家族手当を採用しているが，家族手当は中だるみ是正に有効といえる。子供が生まれる28～35歳の賃金をストレートにカバーできるからである。

ベア配分と昇給の実務

(1) 賃上げ（定昇・ベア）の手順

　昇給作業において大切なことは，まず計算手順を知ることである。昇給作業は定昇計算からスタートする。定昇項目は職能給の習熟昇給と生活昇給（年齢給）の2つである。毎年の能力習熟の高まり，広がり，深まりと年齢の高まりを受けて，2つの定昇額を1人ひとりについて計算し積み上げ，全社員の定昇総源費を計算する。

　またその際，基本給をベースにして賞与および退職金を計算している場合は，そのハネ返り原資などのフリンジ・ベネフィット（補完的賃金）も一緒に含めて計算し，総源費を積算する。

　次に，この定昇総源費にいくら上積みするか，またできるかを現在の経営状況から賃金実態をプロット図で確認をし，将来ビジョンを考えて，社会情勢も見て決めるのがベアである。したがって，ベアこそ企業の経営政策・労使政策

を踏まえた賃金政策といえる。ベア問題は賃金の現状を踏まえて，労使でじっくりと話し合うことが大切である。

妥結したならば，妥結金額から定昇額を控除してベア幅を確定し，賃金表の改定と初任給を改定する。そして，最後に個人別の新賃金を計算し，新年度の賃上げ作業は終了する。

(2) ベアの計算方法

賃上率が決まると定昇率を控除してベア率が確定する。しかし，正確にいうと定昇が確定した後にベアが行われるので，ベアと定昇の関係は次のように計算する。

仮に賃上率2.9％，定昇率2.0％とすると，ベア率は逆算して1.029÷1.020＝1.00882≒1.0088となり，ベアによる賃金表の改定は図のようにB点に対してベア率0.88％で書き替えることになる。しかし，定昇前のA点に対しては賃上率2.9％から定昇率2.0％を控除して計算されるため，ベア率は2.9％—2.0％＝0.9％である。

すなわち，図で見るようにA点に対しベア分は0.9％であるが，定昇計算後のB点に対しては0.88％となる。

ベア計算の例示を示せば次のとおりである。

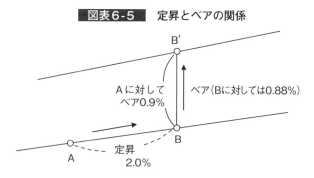

■図表6-5　定昇とベアの関係

【例示】
定昇率2.0％，賃上率2.9％，定昇前の賃金153,000円，定昇額3,060円，定昇（2.0％アップ）後の賃金は156,060円となる。
定昇とベアを含めた賃上率2.9％後の賃上げ計算は，A点に対しては153,000円×1.029＝

157,437＝157,440円となる。しかし，定昇後のＢ点に対する賃上率は157,440円－定昇後の賃金156,060円＝ベア1,380円÷定昇後のＢ点156,060円に対し＝0.8842％の賃上げとなる。

(3) ベアとその配分方法

ベア配分には大きく分けて調整配分と全体配分の２つがある。調整配分は自社賃金の弱い部分を是正するために行う配分であり，一般的に改善が必要なのは次の点である。

① 30歳〜40歳賃金の中だるみ是正
② 女子賃金の引き上げ
③ 中途採用者の賃金是正
④ 専門職，技術系人材賃金の見直し等

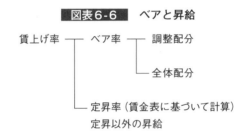

図表6-6 ベアと昇給

一方，全体配分とは世間相場に見合った配分を意味するもので，初任給や自社の賃金水準を社会水準に維持するための配分である。調整配分は文字どおり調整で，個人別賃金のひずみや賃金体系上の問題点を調整するための配分である。

調整の方法は，個人別賃金に問題がある場合はその個人を拾って個人に，また賃金体系上の修正に，年令帯や職能資格等級のポイントを抑えた政策的な賃金カーブの修正に計画的に実施することが大切である。

(4) 定率配分と定額配分

ベア全体には定率配分と定額配分の２つがある。

「定率配分」……賃金表の全部にわたって同一アップ率を乗じる
「定額配分」……全員に対して同一アップ額を加算する

　定率配分で賃金表を改定すると全員に同一のアップ率を乗算するので，賃金カーブは率的には変えないものの，額的には立たせることになり賃金格差は拡大する。定額配分は賃金カーブは額的には変えないものの，率的には下げることを意味する。各企業のベア作業の実態は定率配分と定額配分のミックスで行われており，賃金カーブは率的には下がり額的に立つ傾向にある。

　さて，賃上げを個人別賃金から見た場合，各個人の賃金が上昇する仕組のひとつはベアによる賃金表そのものの改定であり，今ひとつは各人の仕事や能力，年齢などが高まった結果，賃金表の中で座席を移動して賃金が上昇する定昇の２つがある。

　このように，賃金の上昇はベアと定昇の２つで行われるが，賃金水準は賃金表で定められ，その水準を上げるのはベアのみで，現行の賃金水準を維持するために賃金表の改定が行われる。

(5) 賃上げスケジュールと作業

　賃上げ作業の手順では定昇が先でベアが後である。賃上げは次のステップで実施する。

① ２月に人事は賃金表（年齢給，職能給）に従って定昇計算を行う。職能給の定昇は人事考課結果が出ていない企業では全員B考課で昇給額を計算する。そして２月末までに労使で定昇の確認交渉を行い，１人当たりの定昇率および定昇額を確定する

② ３月に入ったら，労組はすでに確定した定昇にベアを乗せて賃上げ要求を出す

③ ３～４月に労使交渉を行い妥結すればベアが自動的に決まる。妥結額から確定した定昇額を控除してベア幅を計算し，そのベア幅で賃金表および初任給を改定する。そして改定した賃金表に基づき新年度の個人別賃金を計算する

　これら一連の賃上げ作業は総額予算を決め，または平均賃金を決めて配分す

るものではない。定昇は賃金表によって1人ひとり計算され積み上げられた結果として、1人当たりの定昇額、定昇率が決まる。また、初任給の決定もベアの結果であり、これによって必然的に決まる。

(6) ベア配分と初任給の決め方

毎年の賃上げの実態は定率と定額のミックスで行われており、賃金カーブは年々率的には寝て額的には立つ傾向にある。初任給をある程度上げるためには、定額配分にウエイトをかけなければならない。

仮に定昇2.0％、ベア0.9％、このうち調整配分に0.2％、全体配分に0.7％と配分し、この全体配分のうち9割を定率で、残りの1割を定額に配分してベア計算をする。

賃金条件は次のとおりとする。

高卒初任給158,000円、大卒初任給185,000円、平均基準内賃金、302,000円（定昇後の賃金として）であったとして計算をする。

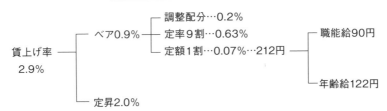

図表6-7　ベア配分の計算例

初任給は、高卒158,000円×0.63％アップ＋212円＝159,200円、大卒185,000円×0.63アップ＋212円＝186,400円となる。しかし、初任給決定にあたっては、政策を入れて考えるとするならば、高卒と大卒の初任給の中間値171,500円×1.0063＋212円＝172,800円（中間値に対して1,300円のアップ）になり、率に直して0.75％アップになる。以上から、高卒は158,000円×1.0075≒159,200円、大卒は多少の政策を入れ185,000円×1.008≒186,500円と計算することができる。

一方、賃金表の改定は賃金表の全面にわたって定率を乗算し、その上に定額

を加算する。

しかし，定額については職能給と年齢給の構成割合を大きく変えないように配分するとすると，当初計算した職能給4割，年齢給6割であったとして，職能給90円（定額212円×職能給4割≒90円），年齢給122円（定額212円×年齢給6割≒122円）となる。

賃金表の改定には粗改定と正改定の2つがある。粗改定では，現職能給表×定率1.0063％＋定額90円＝新職能給表，現年齢給表×定率1.0063％＋定額122円＝新年齢給表となる。

粗改定はシンプルでわかりやすい。しかし，荒っぽい改定であるため，職能給と年齢給の構成割合がゆがんでくる問題点がある。例示で職能給と年齢給の構成割合を4対6にしたのは34歳時点の切り口であり，他の年齢帯では構成割が異なるからで，単一に4対6で統一することには問題があるといえる。

その他，初任給をきめ細かく決めることができない，ある職能層の賃金を強めたり賃金政策を織り込むことができないなどである。

それでは正改定はどのようにやるのか，改定の手順と作業は次のとおりである。

① 現昇給ピッチ×1.0063％……新昇給ピッチ
② 初任給と新昇給ピッチで新年度の賃金表を作成する
③ 10円単位で端数整理（三捨四入）をする

賃金カーブの傾きを変えるのは定率配分だけで，定額配分は平行移動なので何ら影響はない。したがって，定率配分を乗じピッチから見直し，改めて賃金表の作り方に従って年齢給，職能給サラリースケル表を設計し，賃金表作成の手順を踏むことになる。

図表6-8 ベアと賃金表の改定

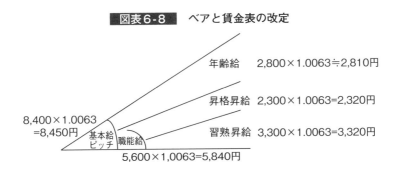

3捨4入で計算。例示の年齢給のベアは抑えて、昇格昇給にウエイトを政策としておく。政策を入れてピッチを計算改定、この新昇給ピッチを使って先の新初任給から積み上げて計算する。後は賃金表の作り方に準じる。

(7) ベアより大きい初任給上昇の対応

初任給の改定は社会的水準で調整するのが基本である。しかし、自社の在籍者賃金を無視して初任給を決めるわけにはいかない。自社の賃金水準を良く把握して、調整ベアの原資も確認し、賃金プロット図を分析して、調整することになる。

しかし、世間相場も無視することはできない。ベア率の配分以上に初任給が上昇したときは、初任給調整給（シャドー初任給）で対応せざるを得ない。例えば、先ほどの定率9割、定額1割の初任給アップ率で、大卒0.8％アップで1,500円であるが、これを大卒2,000円アップにしたい場合はシャドー初任給として500円を上乗せすることになる。

シャドー初任給は若手社員との逆転現象を防ぐ政策賃金であるので、せいぜい18〜35歳限度で上乗せし、逐次35歳前後までの賃金を滑らかに逓減させ、若手在籍社員との逆転現象を防ぐ緊急避難措置として設定することはやむを得ない処置である。

職群管理と賃金のあり方

　職群管理とは，個別管理を徹底させるため，個人の適性や本人の意思に応じてあらかじめ設定されたルートに従って能力開発や人材の活用を進める能力人事システムである。別名でコース別管理ともいわれ，職能資格制度の中に位置づけられる。

　コース別管理を導入するためには，当然ながらコース別の人材要件を明らかにし，その要件を基準として育成を進めて処遇するシステムを明確に作成することが必要である。一般的に，総合職群（多能化職群，将来の基幹社員），一般職群（一般定型業務など限定化された職務に従事），専能化職群（ベテランとして職務に従事），管理職群（組織管理の要になる人材），専門職群（高度な専門知識，技術を身につけて研究，企画に従事），専任職群（深い経験，実務に精通し日常業務に従事），社会的職種群（ドクター，弁護士，税理士，看護師などに従事する人材群）などの職群がある。これらの職群は，例えば男子は総合職，女子は一般職と差別するための隠れ蓑ではない。

　したがって，コース別管理は処遇面で格差をつけてはならないということである。しかしながら，これらの大原則を踏まえながらも，労働対価の原則に基づきコース（職群）間に明らかな差が認められるとき（業務内容において明らかにハイレベルであるなどはっきりとした理由があるとき）は，「基本給」で差をつけることはやむを得ないと考えられる。だが，職能資格制度は全社同一にしないと共通人事にならない。

　しかし，賃金表を別建てにするのは初めから職種を指定して採用し，職種転換がない場合は「別建資格，別建賃金」とする。また職種の相互乗り入れが皆無で，労働市場賃率が職種によって歴然と差がある場合に限る。

　一方，職務レベルは同じでも企業への貢献度，辛さ（仕事，勤務）が違うなら手当や賞与で差をつけることもやむを得ない。労働市場賃率の違いは手当で処遇するようにするが，初任給から差をつけることは問題である。同一学歴であれば職群間のスタートにおける差（修得能力の差）は見出せないからである。

最後に生計費（地域間格差）と賃金格差の問題が挙げられる。総合職を選択した者と一般職を選択した者の生計費の負担が異なる場合がある。全国展開をしている企業においては，大都市と地方都市における労働力需給格差も歴然とある。これらの課題にどう対応したら良いのだろうか。全国地方間の物価差・生計費格差の主因は住宅費負担の問題であり，また地域間の賃金格差は労働力需給格差（働く場）の問題である。

　そこで，生計費格差は年齢給で，また労働力の地域格差は地域手当で対応することがベターである。

第7章 生産性と賃金の決め方
●賃上げと吸収策

生産性と賃金の決定

　ここ数年の春季労使交渉は従来とは大分様変りしている。デフレ脱却，経済活性化を目指す政府が，賃上げの主導的環境づくりをしているからである。集中回答日の結果を見ると，主要企業の多くが今年も賃金水準を上げるベースアップを実施する。

　ベアの波は円安効果で業績拡大をしている製造業ばかりではなく，非製造業にも広がりを見せている。ベアの幅を含めた妥結内容は一律ではなく，初任給を上げたり，また年齢帯を絞った若年層の賃上げなどの調整ベアもある。このことは，もはや一律賃上の時代ではないことを意味する。賃上げは労使間の個別交渉によって決めるものであり，その結果も企業の支払い能力によって労働分配率が必然的に決まる。

(1) 賃上げとその吸収策

　今春のベアを含めた名目賃金の伸びは2％台と見られる。ベアの性格は物価上昇に追いつき，所得（生計費）が目減りしないように配慮する経営責任が求められる。これも企業の生産性をベースに，また労働力の需要と供給関係を考慮して個別企業で決める課題である。しかし，ベアを決めるには社会の調和を無視して，一企業の事情のみでは決められない。ベアは社会性の課題である。

　いずれにしても，今年の経済の好循環を実現するために，各企業は賃上げを

一過性で終らせずに持続させいく必要がある。そのためには，売上高の拡大や賃上げ吸収策およびコスト削減策を戦略的に考え実行していかなければならない。

(2) 賃上げ幅の決め方

賃金には2つの性格がある。ひとつは労働力の供給価格であり，もうひとつは需要価格，すなわち買値である。供給価格は労働力の再生産費用，つまり生計費によって規定され，また受給価格は生産性によって規定される。

したがって，賃金決定要因は生計費と生産性によって決まるということになる。労働者の労働力は売値（生計費）であり，経営者は労働力を賃金交渉によって買うことになる。

労働市場では団体交渉によって取引き（バーゲン）が行われる。労働者側は賃上げ要求額を，また経営者は買値額を提示し，交渉が行われ，煮詰められ最終的に取引価格が決まる。

このように取引によって賃金は決まるが，そのときの労働市場の状況で労働力が不足していれば売り手市場となり，賃金は高止まりとなる。逆に，労働力が過剰だと買い手市場となり，賃金はたたかれて抑えられる。しかし，賃金決定に影響があるのは労働力の需給関係だけではなく，良好な労使関係維持のための賃上げもあり，これらも賃上げ調整要因として留意すべき検討事項である。

さて，生計費と生産性が賃金決定の要因だが，生計費は物価と生活水準からなり，生産性はミクロとして企業経営業績（支払い能力）の2つの側面からなる。生産性は産業や企業によって業績格差があり，これが賃金に反映するのは仕方がないことではあるが，賃金水準については社会性を無視することはできない。でなければ，人材の確保も育成も，また労働意欲の向上も図れないことになるからである。

(3) 支払い能力の考え方

付加価値の中に占める人件費の割合を労働分配率というが，一般産業では好況期には下がり不況期には上がる。企業によっては，よほどの放漫経営がなけ

れば，安定した収入が保障されている安定産業もある。

　さて，産業の最大の経費は人件費であるが，経営状況が逼迫しているときには，労働分配率をどこまで上げることができるかの問題がある。たとえそれが一時的な賃上げであっても，これからの経営にダメージを与えるような賃上げを実施することはできない。一般産業の今春の賃上げでは大手の賃金改善が目立つが，その勢いは中小企業まではほとんど広がっていない。

　無理に賃上げをしようとすれば，価格を引き上げるか人減らしをするより仕方がないが，産業の中でも医療機関・施設には法定基準人員があり，また価格の引き上げは診療・介護報酬の公定歩合で規制されており，一般産業のような対応はできない。では，労働分配率のデットラインは何によって判定できるのかである。これは大変難しい問題であるが，人件費問題を考えるとき，筆者は次の視点から総合判断をすることが必要と考えている。

(1) 財務の活性化… ① 自己資本構成比率（自己資本/総資本）…30％以上欲しい
　　　　　　　　② 金利負担率（支払利息・割引料・受取利息/収益）…2％以下に抑えたい
　　　　　　　　③ 固定比率（固定資産/自己資本）…100％以下に抑えたい
(2) 収益性………… ① 総資本経常利益率（経常利益/総資本）…10％以上欲しい
　　　　　　　　② 売上高対人件費率（人件費/売上高）…55％以下に抑えたい
　　　　　　　　③ 売上高対経費率（経費/売上高）…15％以下に抑えたい
(3) 生産性………… ① 付加価値率（付加価値/売上高）…70％以上は欲しい
　　　　　　　　② 1人当たり付加価値率（付加価値/社員数）…555,000円以上欲しい

③ 労働分配率（人件費/付加価値）…65％以下に抑えたい

(4)成長性…………① 自己資本成長率…（当期自己資本/前期自己資本）…110％以上欲しい

② 経常利益成長率…（当期経常利益/前期経常利益）…110％以上欲しい

③ 付加価値成長率…（当期付加価値/前期付加価値）…120％以上欲しい

課題は何をどう改善努力したら良いかである。標記の経営課題を解決するための手段・方法をチームメンバー全員で英知を絞り提案し合うことから課題解決ができる。

第**8**章

諸手当のあり方と考え方
● 諸手当の検討

　職務や仕事をベースにした実力・成果主義に基づく賃金制度の構築に合わせて，諸手当の見直しをする動きが急である。仕事と直接関係のない属人的な賃金項目はふさわしくないからである。家族手当や住宅手当は長期雇用を前提に，社員のライフステージにも配慮したやさしい日本的賃金の特徴を象徴するものであった。

　しかし，賃金水準の高まりとともに家族手当，住宅手当等は理屈に合わないと批判をする意見も多い。例えば，家族が多ければ多いほど良い成果が出るのか，また同期学卒入社者でも会社の社宅や寮に入寮する者と自分で住居を手配する者では残業単価が違うというおかしな現象もある。

　さて，40歳（事務・技術）の所定内賃金に占める諸手当は，産労総合研究所の調査（2015年モデル賃金，全産業，規模計，大卒・総合職）によると，基本給が86.1％，残る13.9％が諸手当となっている。その内訳は職務関連手当が4.8％，生活関連手当が5.2％，その他の手当が3.9％という構成になっている。この数年の傾向を見てみると，職務関連手当は漸増し，生活関連手当は逆に漸減傾向にある。所定内賃金の中で，唯一明確な増加傾向にあるのは奨励給である。奨励給は労働の質的，量的成果であり，いわゆる能力，実力，成果主義に基づく賃金処遇が浸透する中，この手当は今後とも増加していくのではないかと思われる。

諸手当の検討の必要性

　賃金はできるだけシンプルでわかりやすい体系で設計することが働く者にとって元気の源となる。今まで，中小，零細企業ほどあれこれと意味不明の手当を支給していた。その理由は基本給を大にすると賞与，退職金にはね返るため，理由のつかない手当を支給し，基本給額をできるだけ小さくするのが賃金政策でもあった。

　しかし，平成15年4月より総報酬制になり，社会保険料節減のメリットもなくなった。一方，能力，成果主義人事賃金の進展によって，賞与，退職金の算定方式も基本給と切り離したポイント方式，別額，または別表方式へと切り替えが急ピッチで進んでいる。

　その理由のひとつとして能力・実力成果主義の進展が挙げられる。例えば，成果主義賃金は可変性自由な賃金である。退職時の退職金算定の基礎賃金は前年の賃金を下回ることも多々ある。とすれば，能力・実力成果主義導入企業では，基本給連動の算定方式を採用することはできない。

　これらの企業では，基本給と切り離した算定方式を採用することが望ましいということになる。賞与，退職金の算定基準に基本給をベースにしないということになると，基本給に賞与の生活一時金部分という安定部分を織り込み，基本給をしっかりとした安定的な額に設定することができる。

　こうすることによって個人的な受給条件（労働条件や生活条件）の差を手当で処理することができ，受給条件を満たした人にのみ支給する本来の意味ある手当になる。

　しかし，手当にもいろいろある。手当額が多いということは，本来は基本給で受け止めるべきところを手当で対応していたということで問題があるということである。

　それでは，意味のある必要な手当とは何かである。手当も賃金であり，賃金論では，たかが1円でも説明できない手当は支給しないのが原則である。

2 諸手当のあり方

手当は次の4種類に整理して考えることができる。手当の支給要件は，
① 人材確保に於ける需要と供給との関係を考慮した労働市場調整手当
② 生活のミニマムを補填する家族，住宅関係費用，また勤務地の物価または賃金相場の格差を考慮した地域手当等の生活関連手当
③ 特定労働のつらさや市場性の強い特定職種など，職種，役割などの仕事に関連する仕事関連手当
④ 危険，不健康，不快な業務に従事する手当

などである。

それでは次にその手当の中身を具体的に見てみよう。

3 諸手当の種類

(1) 職種手当（労働市場調整手当）

職種によって，職務に従事するためには国家資格免許などを必要とする職種がある。資格，技術は需要と供給によって，その労働力価格は規制される。市場の状況によって変動する価格を基本給に持ち込むことはできない。基本給はあくまでも全職種共通の一本の賃金であるのが原則である。同一資格，同一賃金が原則である。しかし，労働市場の需要と供給による差がある場合は，この差（労働市場調整手当）を職種手当で受け止めることによって，基本給は安定的なものとなる。

(2) 生活関連手当

手当の中でも一番大切な手当である。それは，この生活関連手当は生計費を維持する賃金部分であるからである。その内訳は次のとおりである。

①　家族手当

　所得税法上の扶養控除対象者（扶養家族のある者）に支給することによって世帯賃金をカバーする賃金である。能力主義賃金は職能給と年齢給によって構成されるが，生計費部分を年齢給だけで世帯ミニマムを満たすことは難しい。したがって，年齢給に家族手当をプラスすることによって世帯ミニマム（世帯最低生計費）をカバーすることができる。

　なお，家族手当の特徴は，①残業代の算定基礎給に入れなくても良い，②受給条件を満たす人だけに支給する，などである。

②　地域手当

　この手当は「暖房費」「住宅費」など，地域格差是正を考慮した手当である。決して生活水準格差に対応しょうというものではない。大都会に住む者は他の地域に住む者より生活水準が高いという理論的根拠は何もない。

③　住宅手当

　手当の性格を見ると「地域手当」と類似している点もある。全国展開をしている企業においては，大都市と地方都市の住宅費格差は地域手当で処理したほうが理屈にあっている。一方，能力主義をすでに導入している企業においては，年齢給と職能給で賃金を構成しており，その年齢給は生計費として位置づけられ住宅費も包含する。

　したがって，生計費を細切れにし，住宅手当として支給することは基本給を低めに抑えることになる。なお，住宅手当には次のような問題点がある。

① 　住宅手当は原則として残業代の算定基礎に入れなければならない。すると新卒者でも会社の寮に入寮する者と自分で住居を手配する者とでは大変な不公平が発生する場合が多いということである。例えば，同期入社の学卒者であっても残業単価が違ってくるというおかしな状況が発生する

② 　金額の算定基準に納得性が乏しい。借家住いが大変だからといって高い額を支給するすると，住宅ローンを抱えた持屋組は「ローンの返済や利子の支払い，家屋のメンテナンスを放っておくことはできない…」と主張す

る。それぞれの立場の考え方があり，納得性が難しい
　そう考えると住宅手当の支給には問題もあり，将来的には廃止すべき手当である。

④　通勤手当

　現物給与に該当するもので，実費弁償手当である。したがって，距離制限なしに支給したい手当である。通勤手当の支給状況は，大企業では97.2％に上る。（中央労働委員会「調査事情」2011年6月）しかし，金額による制限を定めているのは半数以上に上る。税法の非課税限度までの支給があるものと思われる。

⑤　単身赴任手当

　精神的経済的な負担を補う費用と見ることができ，経済的不利益の弁済といえる。今日的家庭，経済事情を勘案するに，やむを得ない手当といえよう。

(3)　仕事関連手当

　特定労働のつらさや市場性の強い特定職種など，職種，役割などの仕事に関連して支給する手当である。

①　役付手当，管理職手当

　管理職手当は，「部下に対する慶弔金」，「時間外手当見合い金」という2つの意味合いを持つ。その他，若干の職責料の意味合いがある。係長以下の役職者には部下との付き合い料として基本給の5％，課長以上の管理職層には10％程度を残業見合い分として上乗せし，部下との付き合い料（慶弔金など）を加えて基本給の15％程度とするのが相場である。
　なお，残業代の出る係長や主任に支給される手当を役付手当というが，この手当は部下との交際費部分のみを支給すれば良い。したがって，基本給の5％程度が一般的相場である。
　役付・管理職手当で定額を支給している平均支給額は部長77,000円，次長62,000円，課長47,000円，係長17,000円，主任11,000円（産労総合研究所，2013年モデル賃金調査」2013年7月）となっている。

第9章 日本型成果主義，役割給の構築
●役割評価システムの要件

　日本型成果主義賃金のことを役割給という。成果主義の一環として役割給が広がりつつある。職能給は「能力」を媒体として穏やかに処遇と仕事を関連付けた。役割給は処遇と仕事との関連を強く結びつけた。この役割給を入れるためにはいくつかの留意点がある。

　まず職責の価値を明確にしなければならないことである。職責は上から与えられるものである。同じ会社で働いていても，また同じ部長職にあっても，総務，経理，人事，企画，営業，生産部長の職責の価値は皆違う。一方，職責だけではなく，組織貢献度目標などを自ら作り，挑戦する大きな役割を持つ者もいる。

　すると役割の大小は職責に各人の目標チャレンジを乗じたものとなるから，役割の大きさは，本人の意欲，チャレンジなどによって異なったものとなる。賃金でいえば，職責給があって，その上に役割給がある。そして，役割の達成の評価を反映させた賃金を業績給といっている。この業績給を年俸で支払うことを業績年俸というが，業績100％の賃金にするか，40％程度を基本年俸として確定するかによって年俸の性格も変わってくる。

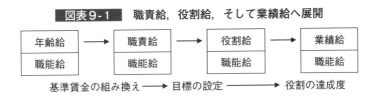

図表9-1　職責給，役割給，そして業績給へ展開

役割等級制度の導入

　役割給を導入するためには，まず能力主義で賃金を固め，次に能力主義と成果主義の調和を保つ役割等級制度（実力等級制度ともいう）を導入することが必要になる。職能給は職能資格制度が基軸にあり，職能資格制度は職務遂行能力＝仕事を遂行するために必要な能力のランク分けであった。すなわち，能力主義は能力開発に重点を置いている。

　一方，最近の資格等級制度は仕事がベースになっているが，わが国では仕事（職務）を明確にして職務基準を編成するという概念は弱い。

　特にホワイトカラー層の担当職務範囲は明確になっていないことが多いが，柔軟な企業活動との関連で考えると職務範囲の限定は必ずしも良いとはいえない。その理由は，ホワイトカラー職務は常に変化していくので職責・職務評価が難しいという課題がある。しかし，それよりも日本企業のやり方のほうが人材活用においてダイナミックな経営を行いやすいといえるからである。

　さて，職責の評価要素は次のとおりである。

図表9-2　職責評価の概要

職責評価	量的側面 （X軸）	イ　責任と権限の広がりと高まり ・人的規模 ・物的規模 ・金額的規模
	質的側面 （Y軸）	ロ　企業への貢献度 ハ　役割遂行の必要知識 ニ　心身の負担度
目　標	チャレンジ度 （Z軸）	①　拡大チャレンジ ②　革新チャレンジ ③　創造チャレンジ

（※欧米の成果主義賃金は職責の仕事の量（X軸）×質（Y軸）＝面積の大小で決まるが，日本型成果主義賃金（役割給）は仕事の量×質×目標チャレンジ＝立体面積の大小で決まる。したがって，上から与えられた職責は小であっても，自ら付け加えるチャレンジ業務で役割を大にすることが可能である。）

職責給表の設計の仕方

　職責給はある一定年齢の年齢給を原資にして，職責給に名称変更される。既述のあるべき賃金論に基づき40歳以降の完全習熟年齢に到達時から定昇のない可変性のある賃金に置き換える例示として各職階別に職責給を示してある。

図表9-3　「職責給の設定表」

(1) 量的側面X軸，質的側面Y軸係数表
(倍)

Y \ X	A	B	C
Ⅴ	1.3	1.2	1.1
Ⅳ	1.2	1.1	1.0
Ⅲ	1.1	1.0	0.95
Ⅱ	1.0	0.95	0.9
Ⅰ	0.95	0.9	0.85

(2) 一般職能の職責給表（例示）
(万円)

Y \ X	A	B	C
Ⅴ	25	23	21
Ⅳ	23	21	19
Ⅲ	21	19	18
Ⅱ	19	18	17
Ⅰ	18	17	16

　例示は基本給ピッチ8,400円，年齢給ピッチ2,800円，職能給ピッチ，昇格昇給2,300円，習熟昇給3,300円をベースに職責給を計算。一般社員と係長クラスは60歳まで年齢給を適用するか，それとも理論どおりに，年齢給定昇なしの職責給に切り替えるかは企業ニーズを踏まえた経営判断による。一応，上記の職責給は既述した賃金理論に基づき，一般社員も41歳到達時には全員，職責給に切り替えることを前提にして職責給を計算表示している。41歳の年齢給は189,400円（70頁）であり，この金額を190,000円と括り一般職能の職責給表の職責グレード「B-Ⅲ」にセットする。

　次に「職責給の設定表」のX軸，Y軸の職責の重み（倍数＝ウエイトづけ）に従って倍数を乗算し，B系列の各職責グレード別の職責給を計算しB系列を完成する。B系列の職責給が計算できたら，このB系列の職責給をベースにしてA系列，C系列のそれぞれの職責グレード別の職責給を計算する。計算方法は「職責給の設定表」に従って，「Ⅲ-B」の「係数1.0」に設定した190,000円

をA系列，B系列の「係数1.0」の位置にそれぞれセットする。以下「職責給の設定表」(1)に従って倍数を乗算しそれぞれ計算をする。計算結果は一般職能層の職責給表（例示）に示したとおりである。

次に，各職階別（係長，課長，次長，部長）職責給表の作成にあたっては次により計算をする。係長クラスへの職責給表の作成にあたっては一般職能の職責給表（例示）「Ⅴ－B」の230,000円を係長クラス「Ⅲ－B」にセットし，以下「職責給の設定表」(1)に従いB系列を先に計算し，以後A系列，C系列と「一般職能の職責給表」の作成の倍数どおりに乗算して計算する。係長クラスができたら係長から課長へ，課長から次長へ，次長から部長へと順を追って計算をする。

図表9-4 係長クラス職責給表（例示）

（万円）

Y\X	A	B	C
Ⅴ	30	28	25
Ⅳ	28	25	23
Ⅲ	25	23	22
Ⅱ	23	22	21
Ⅰ	22	21	20

図表9-5 課長クラス職責給表（例示）

（万円）

Y\X	A	B	C
Ⅴ	33	30	28
Ⅳ	30	28	25
Ⅲ	28	25	24
Ⅱ	25	24	23
Ⅰ	24	23	21

図表9-6 次長クラス職責給表（例示）

（万円）

Y\X	A	B	C
Ⅴ	36	34	31
Ⅳ	34	31	28
Ⅲ	31	28	27
Ⅱ	28	27	25
Ⅰ	27	25	24

図表9-7 部長クラス職責給表（例示）

（万円）

Y\X	A	B	C
Ⅴ	40	37	34
Ⅳ	37	34	31
Ⅲ	34	31	29
Ⅱ	31	29	28
Ⅰ	29	28	26

職責給の計算方法を見てきたが，最近の賃金体系の改善の様子を見ると，能力の成長が期待される完全習熟年齢の40歳までは定昇制を持った能力開発型の職能給の導入が多いことがわかる。しかし，41歳以降の賃金は「職責給×チャレンジ目標＝役割給×業績考課＝業績給」となり，役割目標の大小に達成度を加味した可変性のある業績給の導入が多い。

無論，このクラスには定昇制度はない。賃金の特徴は組織への貢献度イコール業績，イコール賃金に反映する賃金システムであり，シングルレートの賃金が大勢になっている。

良い仕事をやれば賃金は上がり，低いレベルの仕事をやれば賃金は下がる。このように，中高年齢層に役割給（日本型成果主義賃金）を導入する動きは，ホワイトカラーの生産性の課題があるからである。ホワイトカラーの生産性を測定することは容易ではないが，一般的には日本のホワイトカラーは生産性が低いと見られている。現在，注目されている日本版ホワイトカラーエグゼンプションは労働基準法の適用除外とするもので，一部で残業代ゼロ円が強調され，法制化にあたって経営者の賛成，組合の反対など，国民を巻き込んだ議論に発展している。

さて，年齢給に変えて定昇のない職責給の導入にあたっては，企業ニーズや労使の検討を踏まえて選択することとなるが，一般職と係長クラスは60歳まで年齢給を適用し，部課長のみ職責給を適用するという選択もありえよう。その場合の職責給への組み換えの年齢給は生計費のピーク点である48歳〜55歳の年齢給199,200円（70頁）を200,000円と括り，メリハリのある可変性のある職責給を導入することも一案である。職責給表の作成にあたっては，先例と同じく「課長クラス職責給表」の「Ⅲ－Ｂ」に200,000円をセットし，以降「職責給の設定表」(1)の係数に従い，Ｂ系列を完成後，Ａ系列，Ｃ系列の職責グレード別の倍数を乗じて計算する。職責給は日本型成果主義賃金のベース賃金となる。

3　役割給の導入と業績考課

さて，成果主義賃金導入の一番の課題に取り上げられるのが，職責プラス役

割目標を評価する業績考課の難しさである。実力等級別に等級に見合ったチャレンジ目標が付与できるか否か，等級に見合った評価基準，評価要素が上手く作れるかが問題になっているが，他に考課者の質の問題などが取り上げられている。業績考課の信頼性を高めるひとつとして裁量権の課題もあり，業績考課システムの導入を考えると役割給の適用は必然的に上級管理職に絞られることになる。

　次に，役割給の導入はチャレンジを引き出しその成果を褒め称える賃金であるが，すべての部門，職種にチャレンジ業務がどの程度あるかが問題になる。

　すなわち，チャレンジ目標の設定には定量的目標と定性的目標の2つがある。定量とは常に数字を持つ部門で，例えば営業とか研究部門においては全員がチャレンジ業務に従事することが可能であるが，スタッフ部門では定性的目標が主となりチャレンジ業務が少ない部門もある。このように，役割給を動かすチャレンジ業務が多い部門と少ない部門が現実的に存在する。

　また，同じ部門の中でもレベルの高いチャレンジ業務が上級管理者に優先的に割り当てられると，職務拡大の不公平感が生じる。チャレンジの機会均等をどう図るかが問題である。役割給を仕事直結型処遇として定着させるためには，仕事面での納得性を高める必要があるからである。また，役割給を定着させるには仕事（職責大）にこだわる環境を作ることが必要である。そのためには全社員を一堂に会した目標作り，目標面接は必要不可欠である。

　さて，これからの上級管理者の賃金のあり方は，「仕事へのこだわり」を持ちながら職務を限定せず，異分野の職務拡大業務にもチャレンジしてもらう仕組みが必要である。そのためには若いうちのジョブローテーションやプロジェクト参加は大切である。

　役割給の構成は「職能給＋職責給×チャレンジ目標」の公式で見るように，欧米の仕事基準だけではなく，あくまでも人間基準をベースに仕事基準を融合させている賃金である。

4 職能給の弱点を役割給で補強

　成果主義賃金の弱点は，組織業績より個人業績に重点が置かれている点である。企業業績が低迷しても，自己の業績さえ良ければそれで良く，また短期業績重視になりやすく長期的経営展望に欠けるといわれている。また，成果主義で優秀人材を抜擢処遇すると，普通とかレベルが低いと評価された社員は諦めて努力をしない。その結果，組織全体のモラールが落ちるなどの課題も指摘されている。

　これまでも触れてきたように，能力主義の弱点を補強するために日本では職能給にプラス役割給が導入されているが，両制度のメリットを融合させつつ両立させていくことがこれからの日本の賃金である。すでに触れたように，人間基準に仕事基準を融合させた形が日本型成果主義賃金に他ならない。しかし，ブルーカラーのように職務の達成において裁量度が乏しい場合は職務給の適用となり，仕事の価値がストレートに賃金に反映される。

5 目標面接による役割の設定

　中高年熟練者の賃金は日本型成果主義賃金に切り替えなければならない。記述の役割給の導入である。しかし，この賃金を導入するためには，目標面接を軸にして向こう6カ月から1年間の役割目標が設定される。

　そして，6カ月また1年経過時に役割目標の達成度を評価し，それを賃金，賞与に結びつける。それが，業績給または業績賞与である。すなわち，役割給の設定は，先ず目標面接によってチャレンジを引き出すことによっ役割の大きさが決まり，その役割を評価することによって役割給が決定される。

　したがって，日本型成果主義賃金（役割給）の鍵を握るものは，役割目標を設定する目標面接とその役割を評価する役割評価の2つとなる。すなわち，目標面接や役割評価がなければ役割給は成立しないということになる。

　それでは面接はどのように行うべきなのか考えてみよう。面接には目標面接

制度（CBO＝C；Challenge&Create-Courageous，B：By，O：Objectivesの略，楠田丘氏が提唱）を導入する。これに類似した制度にMBO（目標管理制度）がある。ともにトップの経営方針を具現化する手段，方法であるが，目標面接はボトムアップ方式，MBOはトップダウン方式である。

目標面接制度のボトムアップ方式を採用すると，部下各人は方針を達成するために与えられた権限と責任の範囲内でいろいろな施策や手段を駆使して目標達成に向けて最大限の努力をする。

一方，MBOでは仕事の裁量権は上司にある。CBO目標面接では，どのようにやるかの裁量権は部下に委譲する代わりにチャレンジをしてもらうインセンティブにチャレンジ加点を設けている。その主なチャレンジには3つある。

① 拡大チャレンジ…見える問題のチャレンジ
② 革新チャレンジ…探す問題のチャレンジ
③ 創造チャレンジ…無から有を創る問題のチャレンジ

図表9-8　チャレンジの内容

チャレンジ項目	定義	内容（例示）
拡大チャレンジ	今，ただちに現状をプロモートしなければならない問題解決のチャレンジ	売上拡大，新規開拓件数の向上，利益改善率，歩留率の向上，ミスの減少，ムダの削減，材料費の節減，納期短縮など
革新チャレンジ	兆候，傾向，サインなどから将来を見て，今から検討し対策を講じておかなければならない問題解決，また現状ベースを新しいやり方に変えるチャレンジ	新規ルートの開拓，自動倉庫の建設，事務業務の削減，標準化，新人事システムのコンピュータ化など
創造チャレンジ	拡大，革新などのチャレンジの過程の中から新たな知見を見つけ，過去の流れやケースにない全く新しい物を作り出す創造チャレンジ	新規事業の開発，新技術の開発，新商品の開発，新製造法の開発，制御システムの開発，新人事制度の開発など

以上のように区別される。このチャレンジが有効と判定された場合は，加点主義の100点満点の上に加点がされる。その加点は係数を設けて設定するが，その係数は企業ニーズの政策で決めることになる。

例えば，拡大チャレンジが有効と判定された場合は1.02，革新チャレンジが有効と判定された場合は1.05，創造チャレンジが有効と判定された場合は1.08，各々3つのチャレンジが有効と判定されれば1.02×1.05×1.08＝1.15668の係数が基の要素（基本給など）に掛けられ，チャレンジすれば断然有利な仕掛けになっている。

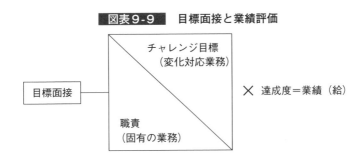

要は，日本型成果主義賃金（役割給）が有効な賃金として成立するためには，目標面接制度（CBO）と役割評価制度および業績評価制度の3つが確実に実行されることが成否の鍵を握る。目標面接制度の有効性，役割評価の公正性，業績評価の客観性をどうデザインし構築するかが最も重要なポイントである。

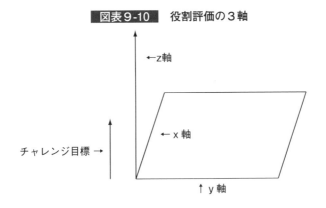

縦軸は　チャレンジ度Z軸，広がりの幅X軸，横軸は難易度Y軸

(1) チャレンジ業務の設定プロセス

　チャレンジは変化対応の行動である。そのチャレンジのスタートは問題を見つけることから始まる。日常業務遂行上，業務が上手く流れない問題点は何か，どこに問題があるのか，ここのままだと明日の業務遂行に問題が顕在化する課題は何か，今から手を打っておかなければならない課題は何か，これらの問題点の明確化がチャレンジ目標になる。

① 問題点の発見（認知）とは，あるべき姿（状態）と実際の姿（状態）との間の是正すべきギャップの把握である。

② 複数の是正すべきギャップが生じている場合は，解決の順位づけを行うことが必要である。その優先順位づけは，

・時間的制約の度合い（緊急度）

・重要度（影響の大きさ）

・関連性（問題の連鎖の度合い）

・潜在的問題の拡大性（拡大化傾向）

の順番で問題を分析する。これら問題点の認知は個人の問題意識や感覚によっても左右されるので，部員全員で十分な検討，分析を行うことが大切である。

③ 問題点が発見されてもそれを目標化するためには問題点をもう少し掘り下げることが必要である。その問題はどこで起きているのか，その問題の対象は人か物か，それとも制度の問題なのかを特定しなければならない。さらに細かく場所的特徴を把握する。

　人の行動や能力，システムの問題なのか，問題が見つけられた場所を見つけ出す。「場所」の特定ができたら「時間的特徴」「質的，量的特徴」を見つけ出す。問題が認められた期間とその程度，またどの期間に問題が認められたのかを把握する。

④ 問題の再確認を行う。選び出した問題は本当に問題なのか，自己の固定観念や先入観，偏見，感情，経験による問題認識ではないか冷静に部員全員で分析してみることが必要である。

⑤ 煮詰めた問題は目標として設定する。目標は2つの視点で作成する。

・絶対目標（musut目標）

・希望目標（want目標）

⑥ 目標の設定ができたら，その目標を達成するための手段，方法を検討する。手段，方法等の具体案作りは部．課員全員を巻き込んで「何を，どんなやり方をすれば目標は達成できるのか」についてブレーンストーミング思考で皆で新しい知恵を出す。

⑦ 目標達成を現実のものにするために実行スケジュールを作成する。スケジュール化においては次の５Ｗ１Ｈを明確にする。

・いつ，（時間的制約条件）

・何処で，（場所の条件）

・だれが，（担当責任者）

・だれに，（結果報告はだれに）

・なにを，（解決すべき目標）

・どのように（目標達成の手段，方法）

以上，目標面接（CBO）は意図的，計画的に周到な準備のうえで実施する。

(2) チャレンジ加点と管理者の目標

チャレンジにはリスクが伴う。したがって，そのリスクに対してリスク料を支払う。これがチャレンジ加点である。楠田丘氏は，Ｚ軸の主な評価要素を拡大，革新，創造チャレンジの３つに分類している。

職務本来が持つ固有の役割（Ｘ軸が役割の広がり，人的サイズ・物的サイズ，金額的サイズ，Ｙ軸は役割の難しさ，企業への貢献度合，役割遂行の知識，ノウハウの必要の程度，精神的肉体的負荷の程度）に，チャレンジの役割（Ｚ軸）を掛けたものが役割の価値になる。

役割の大小は本人の意思とチャレンジによって可変する。もし，次に示すように職責評価係数の難易度が「Ｂ－Ⅱ」とすると職責評価係数は0.95（133頁）だが，拡大チャレンジが有効（142頁）とすると役割の大きさは0.95×1.02＝0.969となり，役割の大きさはⅢの標準的役割1.0となる。当初，上から与えられた職責は小さくとも，自らチャレンジを付け加えることによって役割は大となる。

役割サイズを確定後，6カ月または1年経過した時点で役割の達成度考課が行われる。この業績考課は主に当年度の賞与に反映される。

　年俸制の場合は基本年俸と業績年俸に分けられるが，業績年俸に業績考課係数が掛けられ適用される。しかし，年俸制を採用していても業績年俸の仕組を持たない完全年俸制では業績考課係数がストレートに乗算されるが，留意点は加点主義のプラス思考に立ち格差はできるだけ小さいものにすることが望まれる。なお，チャレンジ係数は企業のニーズや政策で決めればよい。

　以上を要約すると，役割は職責と目標の2つで構成される。したがって，役割評価は職責の評価と目標の評価の2つからなる。職責評価は上から与えられた仕事，つまり職責はどの程度の大きさなのか，またそれはどの程度難しい仕事なのかの職責の広がり，高まり，広がり，そして，難易度，困難度から評価される。職責の評価は，本来は職務分析手法を使い職務評価を行い職務の難易度を明確にすべきであろう。しかし，変化の激しい今日，費用対効果を考えれば，簡便にメイン業務を中心にした職責評価を行う職責評価で良い。

　一方，目標評価は目標の具体性はあるか，実現可能性はあるか，貢献性はあるか，そして効率性はどうかの目標の有効性の判定を行う。また，目標には，拡大，革新，創造などの難易度がある。

図表9-11　チャレンジの種類と係数（例示）

チャレンジの種類	係数
拡大	1.02
革新	1.05
創造	1.08

図表9-12　業績考課と考課別係数（例示）

業績考課	係数
S	1.2
A	1.1
B	1.0
C	0.9
D	0.8

(3)　**管理者の役割目標の設定**

　管理者の役割は再三述べてきたとおり，固有の役割業務とチャレンジの役割業務の2つに分類される。固有の役割とは各職位の主要職責に基づく通常業務，

またはその職位として当然に解決すべき課題を含む。管理者の役割業務を総括して述べると，部門統括，部下掌握育成，業務推進，企画開発，上司補佐の5つの役割に統括することができる。

　これらの役割は，その職位として当然に遂行が期待される義務的色彩の強い役割業務であり，本人の意思による選択の余地は少ない。

　これに対して，チャレンジの役割と認定する基準は，その職位に期待されるレベルを大きく上回る課題に挑戦して達成した場合，チャレンジ有効として加点される。この有効との判定基準は，「新しい業務分野への挑戦，組織貢献（利益）目標の遂行」の視点から基準に基づいて判定される。チャレンジと認定される目標は，従来の枠組みを超えた新しい方法や仕事の組み合わせ，また手段や方法などの工夫や企画，研究，開発等を伴うWant目標で，本人の意思による自主裁量の余地が大きい目標である。

　この目標には主なものとして拡大，革新，創造チャレンジの3種類がある。チャレンジ業務の中でも一般的な「拡大チャレンジ」の判定基準は，設定した目標が業務成果の量的拡大を指向し，それが業務活動の質的変化，発展に直結する場合はチャレンジ目標として認定される。チャレンジ業務の遂行にあたっては，予想されるリスクおよびリスク対策について十分に研究，検討し方策を立てておくことが望まれる。なお，これらのチャレンジ業務は，職位の「固有業務の役割」が全うされるという前提でチャレンジを認めるもので，「固有の役割業務」に支障をきたした状態でのチャレンジは帳消しにされる。

　以上，目標面接を定着化させ，「下からのパワーあふれるチャレンジ」を引き出すためには，管理者の部下育成に対する強い認識と関心が必要である。

(4)　非定型，課題業務の難易度判定

　チャレンジ業務の難易度分類および管理者が遂行すべき役割業務について見てきたが，役割業務の難易度判定についても，その都度発生する日常業務遂行上の問題解決業務や方針展開業務等いろいろとある。

　日常定型業務といわれる課業については，全社的に職務調査手法で課業の等級格付けが行われ，職種別等級別に職能レベルの統一化を行い職能資格制度が

導入されている。

しかし、その都度発生する方針展開業務や変化対応業務といわれる問題解決業務等、非定型判断業務については、部門長のマネジメントに任されている。したがって、課題の割当にあたっては、「仕事の難易度と資格等級の対応関係」の整合性を判定して公正配分をしなければならない。今日、ホワイトカラーの能力と仕事のミスマッチがよく賃金問題としてクローズアップされるが、これは、部下の職務遂行能力や実力ばかりではなく、仕事の与え方の問題もある。仕事には、深まり、高まり、広がりがあるが、職務調査手法による業務の難易度分類では、次の5ランクに分けることができる。

新規業務発生時には、この基準に照らして難易度判定を行う。難易度「C」レベルは主に係長クラスで担当する業務であり、「D」レベル業務は主に課長クラス、「E」レベルは主に部長クラスが担当する業務であるとの見当がつくはず」である。

ご覧のように、役割業務は一般的には「C」～「D」の難易度業務の中にあることがわかる。

図表9-13　課業・役割業務の難易度評価基準

仕事の難易度	定義	定義の説明
A	補助、単純、定型業務	上司の直接的指示、指導を受けながら高卒1～2年程度の知識と経験を持って行う単純ないし、一般補助定型業務である。
B	事務、作業業務（一般定型判断熟練業務）	上司の一般的指示、指導を受けながら高卒4～5年（大卒1～2年）程度の知識と経験を持って行う一般定型判断熟練業務である
C	指導、監督業務（非熟練判断指導監督業務）	上司の要点指示、指導を受けながら高卒8～12年（大卒4～8年）程度の優れた知識と経験を持って行う非熟練判断業務と担当分野での部下指導管理監督業務である。
D	企画、管理業務〈企画立案管理業務〉	上司の包括的指示、指導を受けながら高卒16～20年（大卒12～16年）程度の専門知識と高度な習熟をもって行う企画立案業務と部門管理業務である。
E	政策、決定、統率、答申承認業務	担当部門の運営に係わる長として行う複雑高度な政策、統率、管理、答申、決定、調整業務である。

しかし，ベテラン一般職にも時として役割業務が与えられるが，主に仕事の難易度（B）の中で「業務マニュアル」や「規定や手順書の見直し，日常業務の業務改善等」定型業務を主とした改善業務であることがわかる。

留意点は「D」か「C」かで迷った時には，必ず下の難易度「C」とする。また，難易度判定にあたっては，現在，業務担当者のレベル（役職位）は無視することを原則とする。

課長が担当しているので「D」，部長が従事しているので「E」レベルと安易な認定などはしないことである。

6 役割評価の実施

役割はすでに述べてきたように，上から与えられた職責の大きさ（量）と難しさ（質）および本人が自らチャレンジをした目標を含めて目標の大きさ＝役割の大きさである。

このように，初めに職責があり，次いで目標のチャレンジ（質と量）がある。それでは，職責はどのように評価するのか，その実務から見ていこう。

(1) 職責評価のすすめ方

職責評価については，図で示したように量的側面（X軸），質的側面（Y軸）の面積によって評価される。

量的側面の職責の広がりでは，人的サイズ，物的サイズ，金額的サイズの3つの面で評価する。人，物，金の大きさである。人的サイズでは，管理，指導をする部下が何人いるかによって評価される。この場合，部下の職能レベルも換算し点数化する。例えば，同じ人数の部下を抱えていても，非定型判断の企画業務を担当する職能の高い部下を多数管理する管理者と日常定型業務主体の部下を管理する管理者では，職責の重さは当然に変わってくる。

また，直接指導をする部下は1人，間接的に指導をする部下は0.3人とみなすなどのように，プロジェクト業務に携わる部下の管理とライン組織の部下管理の責任の重みは当然に違ってくる。

次に，物的サイズでは，管理責任を負わされている資産価値の大きさを測定する。パソコン，什器備品など，保有設備の総価値の大小である。

　最後の金額的サイズは，その職責に与えられている年間の予算価値ないし経費予算の全社の中で占める大きさを5ランクで評価する。

　質的側面（Y軸）職責の難易度の評価では，図に見るように企業への貢献度，役割遂行に必要な知識，心身の負担度の3つの面から評価される。

　初めの企業への貢献度は，戦略度と影響度の2つから評価する。戦略度ではこれからも組織戦略として拡大をしていかなければならない部門であるのか，それとも維持か，縮小かの質的側面をA，B，Cの3ランクに分類して評価する。

　組織への影響度では，職責の成否が組織全体にどの程度の影響をもたらすのか，大，中，小すなわち質的側面をA，B，Cの3ランクに分類して評価する。

　役割遂行の知識では，職責を果たすためにはどの程度の高度な知識や技術が必要なのか，その仕事はそんなに勉強をしなくてもできる仕事なのか，それとも高度なのか，普通なのか，大，中，小の3ランクA，B，Cに分類して評価する。

　心身の負担度では，その仕事をこなすのに精神的に受けるストレスの度合い，肉体的負荷の度合いを大，中，小の3ランクA，B，Cに分類して評価する。また，職責の大きさは5ランク（Ⅴ，Ⅳ，Ⅲ，Ⅱ，I）×職責の難易度は3ランク，A（専門職），B（管理職），C（専任職）の15のマス目で評価される。

(2) 職責評価の実際と判定

　それでは職責の価値を実際にどう判定するのか，次の実務を見てみよう。A系列は専門職，B系列は管理職，C系列は専任職で役割業務の質的違いを表示している。

　ここでは，管理職系統B系列の職責評価の実施について記述する。まず，組織機能上から，職階別（部長，副部長，課長）に，メインの職責業務を洗い出し，部門（職種）別にバランスを確認し整理しておくことが必要である。

　すなわち，部門別，職種別に標準的固有業務「Ⅲ＝B」を洗い出し，横とのバランスを調整しておくことが留意点となる。そのためには，「職責評価表」（例示）を参考に自社の評価表を作成し，標準的固有業務を明らかにして社内

のコンセンサスを図っておくことで，チャレンジの役割業務の認定がより深まるものと思われる。職責グレードの評価で上か下か迷った場合は，必ず下の職責グレードの評価とすることを原則とする。

図表9-14　「Ⅲ－B」が標準的役割業務

職責グレード	A	B	C
Ⅴ			
Ⅳ			
Ⅲ		標準職責	
Ⅱ			
Ⅰ			

（量）↑X軸

Y軸→（質）

図表9-15　「部長職責評価表」（A社の例示）

●量的側面●
＜責任と権限の広がりと高まり＞
1．人的規模：職責に与えられた管理する部下の人数と職能レベルを評価する

職責グレード	評価基準	役職位	評価点数
Ⅴ	管理する部下の人数は30名を超え，また部下の職能レベルの平均は管理専門職能層のレベルの高い部下を統括し，「部門」の責任者として業績達成や部下の管理・指導・育成に経営責任を持つ職位である。		50
Ⅳ	管理する部下の人数は20名を超え，また部下の職能レベルの平均は管理専任職能層のレベルの高い部下を統括し，「部」または「支店・事業所」の責任者として業績達成やいくつかの課，係の部下の管理・指導・育成に責任を持つ職位にある。		40
Ⅲ	管理する部下の人数は10数名おり，部下の職能レベルの平均は指導管理監督職能層のレベルの部下を統括し，「部」または「支店・事業所」の責任者として業績達成や部下の管理・指導・育成に責任を持つ職位である。		30
Ⅱ	管理する部下の人数は多数いるが，部下の職能レベルの平均は定型業務を遂行する一般職能層の部下が中心で，これらの部下を統括する責任者として業績達成や部下の管理・指導・育成に責任を持つ職位である。		20
Ⅰ	単独で行動し，部下の管理責任がない職位である。		10

※管理する部下の人数，統括する事業所などは産業の種類や企業規模，経営形態により異なるため，自社に読み替え翻訳することが必要である。

2．物的規模：職責に与えられた，設備や什器備品，物品などの管理責任額を評価する

職責グレード	評価基準	役職位	評価点数
Ⅴ	管理責任額は2,000万円を上回る。		40
Ⅳ	管理責任額は1,500万円～2,000万円未満である。		32
Ⅲ	設備やパソコンなど什器備品，物品などの管理責任額は500万円～1,500万円未満である。		24
Ⅱ	管理責任額は500万円未満から100万円である。		16
Ⅰ	管理責任額は100万円未満である。		8

※管理責任額は産業の種類，企業規模，経営形態により管理責任額が異なるため自社に読み替え翻訳することが必要である。

3．金額的規模：職責に与えられた月額目標達成予算の価値ないし，経費予算の全社の中で占める大きさ（価値）を評価する

職責グレード	評価基準	役職位	評価点数
Ⅴ	月平均予算達成金額または月平均の経費予算の管理責任額は3,000万円を超える		50
Ⅳ	月平均予算達成金額または月平均の経費予算の管理責任額は2,000万円～3,000万円未満である。		40
Ⅲ	月平均予算達成金額または月平均の経費予算の管理責任額は2,000万円未満から1,500万円である。		30
Ⅱ	月平均予算達成金額または月平均の経費予算管理責任額は1,500万円未満から1,000万円である。		20
Ⅰ	月平均予算達成金額または月平均の経費予算管理責任額は1,000万円未満である。		10

※予算達成金額，経費予算額は産業の種類，企業規模，経営形態によって異なるため自社に置き換え翻訳することが必要である。

●量的側面●
＜企業への貢献度＞
1．戦略性：企業経営の未来を担い将来に向けて拡大をしていく戦略部門であるかを評価する

職責グレード	評価基準	役職位	評価点数
Ⅴ	新規事業業務の立ち上げなど，将来事業の戦略的企画開発業務が主体である。		70
Ⅳ	将来にわたり企業発展のために解決しなければならない新規課題がたくさんある。		56
Ⅲ	将来に向けての課題や現状職務の課題を含めて，現状業務の延長上で解決する課題が主である。		42
Ⅱ	取り組まなければならない課題はあるが，それらは日常業務の中で対応する課題である。		28
Ⅰ	定型日常業務が主体でミスなく遂行することが求められる業務がほとんどである。		14

＜企業への貢献度＞
2．影響度：仕事結果が組織全体に及ぼす影響度の程度を評価する

職責グレード	評価基準	役職位	評価点数
Ⅴ	役員の概括的な指示の下で目標が与えられ職務を遂行する。決済内容は会社の全組織の利益貢献に直接，間接的に重大な影響を与える。		55
Ⅳ	役員の概括的な指示の下で目標が与えられ職務を遂行する。決済内容は会社の全組織に影響を与える。		44
Ⅲ	上位管理職の概括的な指示の下で目標が与えられ職務を遂行する。決済内容は複数部門の組織全体に影響を与える。		33
Ⅱ	上位管理職の概括的な指示の下で前例などを参考にして職務を遂行する。決済内容は自部門の組織全体に影響を与える。		22
Ⅰ	上位管理職の概括的な指示の下で会社の規定に基づいて職務を遂行する。決済内容はいくつかの課組織に影響を与える。		11

<役割遂行の必要知識>
3．専門・関連分野の知識，情報の保有度：役割を遂行するために，必要な知識の保有度を評価する

職責グレード	評価基準	役職位	評価点数
Ⅴ	会社，業界，市場全体についての広範囲かつ高度な知識・情報が必要である。		50
Ⅳ	会社，業界，市場全体についての広範囲な知識・情報が必要である。		40
Ⅲ	会社，業界，市場全体についての知識，情報が必要である。		30
Ⅱ	関連分野の他部門に関する知識が必要である。		20
Ⅰ	所属部門に関する知識が必要である。		10

<心身の負担度>
4．役割業務遂行に感じる精神的肉体的ストレスを評価する。

職責グレード	評価基準	役職位	評価点数
Ⅴ	非常に高い程度の精神的緊張や身体的負荷を日常的に強いられる。		35
Ⅳ	かなり精神的緊張や身体的負荷を日常的に強いられる。		28
Ⅲ	ある程度の精神的緊張や身体的負荷を強いられる。		21
Ⅱ	時として精神的な緊張や身体的負荷を強いられるときがある。		14
Ⅰ	特段の精神的緊張や身体的負荷を強いられることはない。		7

※職責グレード別，評価点数のウエイトづけは企業ニーズによる。

図表9-16 部長職責グレード評価点数（例示）

職責グレード	評価点数範囲
Ⅴ	350～315
Ⅳ	314～280
Ⅲ	279～210
Ⅱ	209～140
Ⅰ	139 以下

第10章
日本型年俸制の設計と導入
● 基本年俸と業績年俸の2つで構成

中高年の人材活用と処遇

　能力主義は人材の育成には有効だが，中高年層の人材の活用には不適である。高齢化，国際化，産業構造の変化やグローバル経済に対応していくためには，中高年層の培った専門能力を最大活用して成果獲得に貪欲に取り組んでいかなければならないからである。すなわち，一般職においては，定昇制のある成長賃金だが，指導監督層ともなれば部分的に可変性のある成熟賃金とする。さらに，管理職，専門職能のエグゼンプト層になれば年俸制とする。年俸制は可変性を持った完全成熟賃金である。

　しかし，昨今では，成果主義賃金の浸透から一般職員まで無秩序に年俸制が広まっている。成果主義賃金を若年層にまで入れると，人事異動や職種転換ができにくくなり，ダイナミックな能力開発ができなくなる。また，若年層で培う生活の安定基盤ができなくなる。したがって，40歳くらいまでは能力を伸ばし，賃金も伸ばし，生活の安定性を図ることが大切である。そのうえで管理職・専門職以上には年俸制がふさわしい賃金となる。

　このクラスは時間外適用除外者であり，時間管理を受けないクラスである。また，目標の設定も6カ月単位または1年単位の達成度（成果）が問われることになる。賃金支払い形態についても最低で6カ月，1年年俸がふさわしいということになる。賃金の支払い形態は，時間単位で業務が完結する場合は時間給，1日単位の場合は日給，月単位で業務サイクルが回り完結する場合は月給

となる。管理職，専門職の場合は年俸制の選択が必然となろう。

しかし年俸制を導入するためには，次の諸条件の整備が必要である。
① 定年まで社員の雇用を保障する
② 最低保障賃金額を設定する
③ 中高年層の能力開発支援体制を整備する
④ 職責評価，役割目標の評価，業績評価制度を整備する
⑤ 賃金と切り離した退職金制度を再編する

(1) 日本型年俸制導入の意義

人中心の賃金決定から仕事中心の賃金決定へ，成果主義賃金は，合理性，納得性では能力主義の賃金よりはるかに優れた賃金体系であることは先に述べたところである。

わが国の賃金体系は年功終身雇用制度のもと，新卒者の賃金は能力賃金カーブより低めに設定し，毎年の定昇（年齢給昇給と習熟昇給）を積み重ねて，賃金上昇をしていく仕組である。そのため，いくら業績を上げても賃金は一気にアップすることはない。逆に下がるということもない，安定した賃金体系になっている。

しかし，若者は，今，頑張ったらその働きに応じた能力や働きに見合った賃金が欲しいと言う。やればやっただけの賃金や成果に応じた賃金の支払いを今，期待している。これらの意見，要望に対して，経営側が成果主義や年俸制導入を考える動機は次のとおりである。
① 働く社員の意識を変え，仕事を変え，組織風土を変える。社員意識変革の起爆剤として年俸制を導入したい
② 各社員の役割や責任を明確にして，業績達成への意識づけを図りたい
③ 多様な人材の処遇にあたり，過去から累積された処遇ではなく，今日の成果を即賃金に還元したい

成果主義賃金や年俸制の導入は，単に賃金額決定方式の変更を意味するものではなく，日本的雇用慣行や年功賃金の変革を迫っているといえよう。

わが国は，そもそも企業内（組織内）労働市場に属する特徴を有しており，

欧米のように職種や職務を中心とする職業別外部労働市場が形成されていない。すなわち，育成・活用・処遇のそれぞれ，および全体において職種という性格に規制されながらも，各々の企業の性格によって強く特徴づけられている。

しかし，時代はTPP交渉に見られるように産業構造の変化は必然的に仕事を変える。これからの賃金も，新しい変化の中から生まれるといって良い。21世紀は成熟社会といわれているが，量より質のへの転換がより求められてこよう。ここで取り上げられる年俸制も，まさにそのような動きの中のひとつとして認識する必要があろう。

年俸制は，こうした時代背景を背負った産物ともいえよう。

(2) 日本型年俸制の仕組み

仕事の高度化が進み，知的労働が増加し，マニュアルどおりにやれば良い仕事は次々にコンピューター化されている。現場がホワイトカラー化に急速に変化している。今，ホワイトカラーに求められるのは「仕事の質」である。月給制ではサラリーマン意識から脱しきれない。したがって，1人ひとりの役割と責任を明確にすることによって，プロ意識を持ち，役割目標達成に向けて，時間では測れないアウトプットとパフォーマンスを期待して，年俸制を導入する企業が増加傾向にある。

年俸制導入は，本来は先述のように時間外適用除外者のエクゼンプト層（仕事の裁量権を持つ者）に適用する賃金であるが，非管理職に導入するときには時間外勤務手当の支給問題が発生する。

その対応策として，次のような方法が必要である。年俸の中に時間外手当部分を明らかにしておく項目が必要である。または，年俸を計算する基準賃金を作り，この賃金をベースにして別に時間外手当を計算して支給する方法もある。

現在，政府において年俸額1,075万以上者の時間外手当の撤廃について検討，審議中であるが，事態はいまだに流動的である。さて，年俸制度には大きく2つのタイプがある。確定年俸と予定業績年俸で構成する日本型年俸，予定業績年俸のみで決める完全年俸（欧米型年俸ともいう）である。

日本の年俸は賞与を別払いにする年俸タイプが多い。大切なのは年俸の決め

方であるが、目につくのは、月例賃金に賞与部分を加えて年収計算をした「まるめ方式」の年俸制賃金である。これでは、経営活性化にはつながらない。年俸制を考えるとき、賞与の取扱いが年俸の性格を決めるポイントになる。

年俸制の仕組みはおおよそ次のとおりである。

① 完全年俸制：欧米型年俸制といわれ、その年の仕事の成果で可変性自由な賃金となる
② 賞与を残す年俸制：
　A　年間月例賃金＋固定生活一時金賞与＋業績反映賞与（個人別業績、課別・部門別業績、企業全体業績を反映する）
　B　年間月例賃金＋業績反映賞与（個人別業績、課別・部門別業績、企業全体を反映する）
　C　一般的に年収管理方式といわれる。「月例賃金と賞与で年収化し年収総額を決める。」業績のアップダウンを賞与額で調整する年収管理方式である
　D　Cのケースでは賞与を残すため、賞与を除く月例賃金の部分だけを年俸にする企業もある。賞与を残す場合の年収のアップダウンは主に賞与額の増減により行うケースが多い

業績考課は半期ごとに行っているのが一般的であるが、賃金への適用は1年間の業績結果を決算期で確認し、新年度から年俸に反映している企業が多い。

(3) 年俸のアップダウン

年俸制のメリットはハイリスク、ハイリターンである。年俸制のアップダウン方式は率方式と賃金表方式、その他に分けられる。率方式は、前年または直近前期の業績を反映した年俸額または半期年俸額をベースにして、業績考課がSならば20％アップ、逆に評価がDならば20％ダウンというように展開する年俸制もある。この年俸を欧米型年俸とか完全年俸と呼んでいる。賃金表方式は、年俸の賃金表を設定し、S考課の場合は2ランクアップ、逆に考課がDのときは2ランクダウンとする方式である。

その他の方式では、基本年俸は安定的に設計し、年俸の増減は賞与の増減に

よりアップダウンする方式である。

2つめの方式は年俸を計算する基準賃金を策定し，その基準賃金をベースに年俸（基本年俸＋業績年俸）を算定する。

基本年俸は比較的安定的な職責給をベースにするが，業績年俸は職責＋チャレンジ目標＝役割の達成度による業績給をベースに基準賃金を設定し，その基準賃金に個人業績と課と部門業績，そして企業全体業績のXカ月分をそれぞれ乗算し業績年俸を計算する。

年俸計算は，基本年俸と業績年俸の2つによって構成される。この年俸方式を日本型年俸と呼んでいる。年俸計算の公式は次のとおりである。

① 基本年俸＝基準賃金｛職能給＋諸手当（家族手当＋管理職手当など）＋職責給｝×12カ月
② 業績年俸＝基準賃金｛職能給＋諸手当（家族手当＋管理職手当など）＋業績給｝×Xカ月

日本型年俸制は安定性と刺激性を持つ2つの性格をもつ年俸である。

(4) 年俸制導入の実務作業

年俸制の導入にあたっては，職能資格制度を整備し，企業が期待する職能像を明確にするなど，能力主義の一層の強化が望まれる。成果主義は能力主義の上に成立するからである。

成果主義と能力主義の調和の味付け具合は企業ニーズによるが，年俸制導入時には基準賃金の組み替えが必要になる。

① 基準賃金の組み替え

能力主義の年齢給は，ピーク年齢の48歳の額を職責給に転換（名称替え）することによって，能力主義の属人的な要素を排除することができる。一方，職能給は勤続給，諸手当を包含して新職能給として組み替える。

組み換え作業時の留意点は，各社員の属人的要素は排除しなければならない。例えば，勤続給も社員による違いは好ましくないので全員20年に統一した金額とし，また諸手当についてもすべて基準額を決めて職能給に加算し整理するこ

とから始まる。例えば，家族手当については，家族がいてもいなくても一律31,000円（扶養家族3人，配偶者19,000円，一子・二子6,000円）と決める。また，管理職手当についても，人によってばらばらでは好ましくないので，課長職は全員45,000円，部長職は75,000円と統一する。

年俸制は実力を評価する成果主義賃金である。子供がいる，いないなど，その人の属人的要件が年俸額の増減に影響を与えるとしたら，成果給の真価を失うことになる。通勤手当，地域手当については今日的住宅事情等から年俸に組み入れないのが望ましい。

さて，職能給の取扱いだが，成果主義は能力主義をベースに成立することから，職能給は生涯ベースで維持するのが望ましく，職能給は移行時にそのままの金額を成果主義賃金体系へ組み入れる。

以上，諸手当の職能給への加算整理ができれば，年俸制導入のための基準賃金ができ，この基準賃金をベースに基本年俸と業績年俸が算定され年俸が決まる。

以上は日本型年俸であるが，職責給か役割給か，それとも業績給かの賃金体系を採用するかによっても緊張感は違ってくる。役割給，業績給の仕組みについては前述のとおりである。

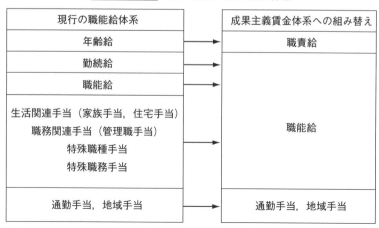

図表10-1　基準賃金の組み替え作業

② 基準職責給の設定

前述のように，年齢給は年俸制に切り替え時に職責給として名称替えになるが，年齢給をそのまま切り替えると社員の年齢ごとにバラバラな職責給を適用することになり，実力を反映した賃金とはいい難い。特に抜擢昇進した課長，部長は低い職責給の適用となり理屈がつかない。そこで職責給表は一般職を含め役職職階別（係長，課長，部長）に作成し，標準職責「B－Ⅲ」を示している。「B」は管理監督職系列を意味し，年俸移行時の職責給の適用は原則的に標準職責に位置づける。専門職は「A－Ⅲ」，専任職は「C－Ⅲ」となる。以降，職責と役割目標の達成度を評価し業績給として可変性豊かな賃金として展開する。

③ 職責評価との乖離の修正

職責評価は，職責評価表により人とは切り離して組織上の職責の価値を分析，職責グレードを明確にしておくことが望まれる。

役割の大きさ，つまり役割の量的分類，役割の難易度は（3分類）は，皆同じではない。企画部長と営業部長，生産部長の職責の価値は厳密には異なるのである。しかし，この違いを経営は公開せず，運用で対応している企業もある。

すなわち，年俸移行時には，全員，穏やかに役割の難易度，3段階分類「A，B，C」の該当職位系列の「Ⅲ」に格付け，皆一斉スタートとするが，その後は1年または6カ月の職責，役割の達成度評価により職責グレードのアップダウン，業績給の変動を受け，業績年俸は可変性豊かな年俸賃金となる。なお，確定年俸の基準賃金は「(職能給＋職責給)×12カ月」で構成されているのが日本型年俸の特徴である。

第11章
成果配分賃金の考え方，捉え方
● 付加価値による成果測定

成果配分賃金の導入

　今日，成果配分賃金の支払い方法について新たなあり方の検討が進んでいる。企業の評価は間違いなく利益の大小によって行われるが，利益獲得のために手段を選ばずの経営は今日，社会的責任を厳しく追及される。利益配分は人件費，株主配当，内部留保，租税公課の4分法のバランス評価が優良企業の指標となっている。

　さて，成果配分を検討する場合の重要な論議は，いかにして付加価値（利益）を高めるかにある。しかしその前に，ここで大切なことは付加価値の捉え方である。付加価値から減価償却を差し引きして付加価値を考えるか，加算して考えるかである。これによって利益の額が変わってくる。労使でしっかりとした話し合いを行い，自社の考え方を統一しておくことが必要である。

　付加価値分析を行う場合，多くの調査機関から業種別付加価値統計資料が発表されているが，その計算方法には控除法と加算法があり，外部購入価値の捉え方に若干の相違がある。

　さて，業種別に企業の付加価値を合計するとその業界全体の付加価値となり，さらにすべての業界の付加価値を合計すると産業全体の付加価値となる。これが国民経済の付加価値，国民所得になる。

　付加価値は成果配分の源泉でもあり，付加価値が大きくならなければ原資は限られるので，労使のどちらかの原資を削ることになる。利益がないのに昇給

をすれば，人件費は増大し赤字経営となり，逆に経営者側の利益を優先すれば社員の給料は上げられないといった表裏の関係にある。また，付加価値は増大しても借金（金融費用）や減価償却費が増えれば社員への配分はできない。したがって，付加価値を大にすることは絶対不可欠の条件である。

(1) 付加価値とは何か

　ここで「付加価値」について明確にしておこう。付加価値を一言で説明すれば経営者（資本）と労働者が共同で稼ぎ出した純稼ぎ高のことである。算出方法は売上高から材料費とか外注加工費，仕入原価，諸経費など外部購入価値を差引いた控除法と加算法の２つがある。

　　控除法の例示：付加価値＝売上高－外部購入価値（材料・外注費・仕入原価・諸経費）

　　加算法の例示：人件費＋賃借料＋金融費用＋租税公課＋法人税等充当額＋当期純利益＋減価償却＝付加価値

　控除法，加算法を採用している主な調査機関は次のとおりである。

① 　日本生産性本部方式（控除法）
② 　中小企業庁方式（控除法）
③ 　日本銀行方式（加算法）
④ 　通産省方式（加算法）

　次に，付加価値分析のポイントを挙げれば，第一には企業の生産性の正しい測定である。第二に，成果は資本と労働（賃金）に適正に分配されているか否かの分析である。企業のさらなる発展には，所定の利益，必要利潤を確保していくことが必要であり，また社員の生活向上，維持のためにも必要な賃金は確保しなければならない。

　そこで，１円でも多くの付加価値を創出することは労使共通の課題である。付加価値という言葉を一般社員にも身近な指標とするためには，１人当たりの付加価値増減率，労働分配率（付加価値に対する人件費の割合），などといったわかりやすい指標を設定して，旗を振ることが大切である。

(2) 成果配分賃金の組織への還元

　成果配分賃金の導入を目指す企業が増えているが，その内容を見てみると成果配分時の還元システムが公開されていなかったり，目標成果や利益等について労使が共通の情報を持っていないなど，成果配分賃金とはいえないものも数多く見られる。

　成果配分とは，労使が一体になって公開，協議，還元のシステムを作り対処する方式であるから，目標成果を明確にして目標を上回った成果（売上高や付加価値，経常利益，などの超過成果）があった場合，その超過成果に対してあらかじめ設定した分配基準によって追加還元をするシステムが用意されている。

　この分配基準によって支払うものを成果配分賃金といっている。この超過成果の一定割合を頭数で割り均等額を各人に配分している企業もある。

　営業マンも事務員も工場長も課長・部長も皆，同じ額である。すなわち，超過成果を組織に返す，この考え方が組織としての一体感を作り出すのだ。

　自分のもてる力を精一杯，発揮して頑張った価値は，部長も課長も皆同じと考える。このしなやかな人事管理が社員の共感を呼び，組織として大きな力になるのである。

(3) 成果配分賃金の基本的な考え方

　成果配分の配分方式を考える発想は賃金，賞与のみならず，多様な配分方式を考えることが大切である。

　すべてをお金で支払うのではなく，能力開発，（教育機会の増大），通信講座，時短，福利厚生など多様な成果の配分方法を検討する必要があろう。しかし，一般的に生産性の向上の配分としては，臨時給与（賞与，一時金）としての配分がなじみやすいので，これらの支給が多い。また，社員の納得や理解を得やすいので，ここでは成果配分賃金に的を絞って基本的な考え方を述べることにするが，成果配分賃金導入の意義にはいくつか貴重なものがある。

　① わが国の賃金体系の主流は今や成果主義賃金（役割給）だが，その基本ベースは職能給であり，職能給の純化・強化が一層強まっている。しかしながら職能給は人間基準賃金であり，能力の成長の可能性に期待する賃金

であり，完結した賃金とはいえない。職能給はどんな能力を持っているかを基準にしているので，現に今やっている仕事とは必ずしもイコールにならないが，和と安定を大切にするわが国の企業風土には良くマッチした賃金といえる。このように，仕事と賃金の結びつきが弱い職能給を仕事との結び付けを持たせて，刺激的な賃金にしたのが成果配分賃金である

② 月例賃金を決める大きな要因のひとつは社会相場（社会性）である。しいていえば，月例賃金は企業の生産性，業績に関係なく，社会の経済状況や労働力の需要と供給により決まる。このように，月例賃金は社会基準に合わせて安定的に支払うことが大切であり，業績変動による賃金変動部分は成果配分賃金（臨時給与）の支給によって精算をすることができる。要するに，成果配分賃金の支給は職能給における概算払いを精算する意味を持つ賃金といえる

③ 部門間の業績の違いを成果配分賃金で処遇することができる。企業全体の生産性は月例賃金に反映させることができるが，部門間格差の業績は臨時給与の形で配分するのが適切である

④ 企業・部門の成果は個人業績に置き換えられ，業績向上度によって公正に配分されることが大切である。そのためには，評価項目（要素），目標値，評価基準などの指標を明確にして取り組む必要がある

以上，職能給を完結させるためには，成果配分賃金を付加することによって能力主義賃金として完結した賃金になり，また有効な賃金となる。

なお，成果配分賃金導入の条件としては次の２点が大変重要である。

① 経営情報が日常的に全社員に周知されていること
② 労使の相互信頼に基づく社員の経営参画体制づくり

また，職能給の理論体系についても時代ニーズに合わせたメンテナンスが必要である。以上から，成果配分賃金導入ポイントを挙げれば次のとおりである。

成果配分賃金が所期の効果を上げるためには，成果の具体的な指標やその配分算式，分配比率，その他利益や経営資料の公開など，ガラス張り経営がまず前提となる。

① 労使が一体になり具体的な指標や目標作りを進めることが大切である

② 指標（目標値）や基準はできるだけ単純明快で誰にでもわかりやすく，また業種や企業規模，業態，部門特性にマッチしたものであること
③ 目標（目標値）は次の成果に向けて連続性があり，その指標を達成することが企業の発展にも結びつくものであること
④ 成果配分の基準，指標には理論的な裏づけが用意されていて，労使ともに納得し共有できるもの
⑤ 成果目標や基準値は事態の変化に柔軟に対応できるもの

高齢化，国際化，IT情報化，専門化など時代ニーズの多様化の中で経営環境は一段と不透明で厳しさを増しているが，その中でも強い競争力を持つためには，労使が一体の経営参加をしなければならない。成果配分賃金はその機能を持つものといえる。

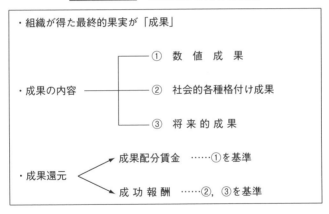

図表11-1　成果配分の内容と還元

第12章 これからの賞与・退職金の考え方とシステム

● 短期, 長期の処遇システムの設計と運用

1 賞与制度の考え方と設計の仕方

(1) 労基法上の臨時に支払われる賃金

賞与は労基法上どのような位置づけになっているのだろうか。労働基準法第11条で, 賃金は「賃金, 給料, 手当, 賞与, その他の名称の如何を問わず労働の報奨として使用者が労働者に支払うすべてのもの」とされている。つまり, 賃金は次の3つの要件を満たすものでなければならない。

① 使用者が支払うものであること

使用者が労働者に対して負う賃金債務の弁済行為であり, 例えば中居などが客より受け取るチップは賃金ではないという趣旨である。

② 労働の代償であること

任意恩恵的なものは一般に賃金ではないが, 退職金, 結婚祝金, 死亡弔慰金, 災害見舞金など就業規則, 労働協約などによってあらかじめ支給条件が明確なものは賃金として扱われる。

③ 名称に関係なく支払われるすべてのもの

金銭の給付であっても, 基本給, 能率給, 家族手当, 特殊手当など名称は各企業でまちまちであり, 賃金の中には通貨によるもの以外に現物によるものや, ある種の利益によるものなどがある。

それらすべてを含めるという趣旨である。通勤手当が賃金となるのももちろんであるが, 通勤定期乗車券の給付も賃金とみなされる。

その他,「賃金の支払い方法」には,労働基準法第24条で賃金の支払いに関して次の5原則が規定されている。

① 通貨払いの原則
② 直接払いの原則
③ 全額払いの原則
④ 毎月最低1回払いの原則
⑤ 一定期日払いの原則

ただし,賃金のうち「臨時に支払われる賃金」「賞与」「その他,これに準ずるもの」については,上記④および⑤の原則が適用されない(労働基準法第24条2項但書)。最後に,労働基準法上の「臨時に支払われる賃金」について,次のように解説されている。

臨時に支払われる賃金とは,行政解釈で「臨時的突発的事由に基づいて支払われるものおよび結婚手当等支給条件はあらかじめ確定されているが支給事由の発生が不確定であり,且つ非常に希に発生するもの」とされている。また,これに該当しないものは名称のいかんにかかわらず「臨時に支払われた賃金」とはみなさないものとしている。

以上から,労働基準法上の「賞与」とは,行政解釈では「定期または臨時に原則として労働者の勤務成績に応じて支給されるものであって,その支給額があらかじめ確定されていないもの」であり「定期的に支給され且つその支給額が確定しているものは名称のいかんにかかわらず,これを賞与とみなさないこと」とされている。

したがって,定期的に支払われ,支給額が確定しているものについては,賃金の支払いに関する5原則に則り毎月支払わなければならないことになる。もっとも,賞与制度は法的に義務づけられた制度ではない。

賞与の支給制度を設けるか否かは労使の自由であり,賞与の制度を設けたとしても,その支給条件,支給対象,支給内容等は労使で決めることになる。この場合,労働協約,就業規則等などで支給条件を定めることになるが,労働基準法第11条ではこの賞与を「賃金」としている。また同条により,その支給が労使間の慣行として成立していると認められる場合も労基法上の「賃金」とし

て扱われる。

なお，紛らわしいが賞与は労働基準法第89条1項4号に定める「臨時の賃金」に該当する。したがって，賞与の支給条件等は就業規則の相対的記載事項とされている。その他，賃金，賞与の呼び名については各社各様である。無論，中身が肝心であるが，賃金，賞与の呼び名は次のとおりである。

① 賃金の呼び名
　　公務員の法律関係…「給与」「俸給」「給料」など
　　所得税法……………「給与」（給与所得）
　　労働基準法…………「賃金」（ただし，「災害補償」では給与という名称も使用）

② 賞与の呼び名
　　賞与，一時金，夏期手当，年末手当，報奨金，ボーナスなど

(2) 賞与制度の基本的な考え方

今日的な賞与支給の考え方を次の6分類に整理してみた。

第一は，社会的慣行である。わが国では夏季と冬季の賞与の支給は慣習であり，社員もそれを当然のこととして生活設計を立てている。

第二は，月例賃金の後払い的性格である。賞与を月例賃金に繰り入れると社会保険料の負担が増えるなど，賞与を後払いするメリットが今まで（平成15年3月まで）はあった。しかし，現在は総報酬制となり，そのメリットはなくなった。一方，賞与には生活一時金部分と業績反映部分があるといわれ，この生計費赤字補填分を賞与として後払いしていると考える。生活一時金部分の賞与はいずれ近い将来，月例賃金に吸収していくべき性質である。

第三は，賞与は生計費の赤字補填であるとハッキリと明示した説である。多くの社員は，ローンを抱えている。月例賃金だけで全生計費を賄うことはできないという意見である。現実，賞与の相当部分が生活費に回っていることも否定できない事実であり，この点も何らかで考慮しなければならない。

第四は，成果配分の考え方である。賞与は労使がともに苦労をして作り出した成果である。この一定の成果を社員に配分するとする考え方である。

第五は，功労報酬説である。賞与は成果，業績に対する社員個々の努力や苦労を強く反映させ，努力した人，苦労した人を動機づけるものとする説である。

　第六は，月例賃金の調整であるとする説である。すなわち，月例賃金は短期的な生産性や業績の変動にかかわらず安定的に支給される。しかし，賞与は自社の支払い能力に応じて調整できる人件費の調整弁の役割を持つと考える。賞与はそのときの業績状態によって支給月数も流動的に変化する。したがって，賞与は経営の安定剤であるとする考え方がある。

　このように多様な機能を持つ賞与の性格を集約すれば，賞与は大別して，社員の生計費調整機能と，組織の業績や各社員の勤務成績を反映させた業績調整機能の2つに分類することができる。

　以上，賞与はその企業組織の考え方や職場ニーズおよび現行人事賃金制度の仕組み，その組織の賃金処遇のレベルによっても異なったものとなる。月例賃金が世間相場以上の高いレベルにあれば，賞与の性格は間違いなく成果配分か功労報酬かのどちらかの選択となり，インセンティブの強い業績反映賞与として設計を進めることことができる。

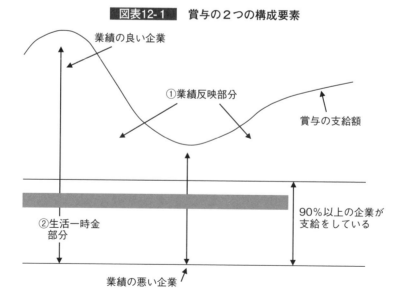

図表12-1　賞与の2つの構成要素

① 賞与原資決定システムの検討と設計

賞与を支給するには，まず賞与の原資財源をどこから出すのかが課題となる。人件費の枠組みがしっかりとできている場合は，自動計算によって賞与総原費が決まる。

そのときの業績指標数値に基づいて賞与原資を決めるやり方は，業績反映賞与である。業績反映賞与の算定式はいろいろあるが，どの公式を採用するかは労使で良く議論をして決めることが大切である。

A. 売上高基準方式

　　原資＝（売上高－基準売上高）×配分係数

この公式は経営者側の支持は少ない。いくら売上高は増えても，経費がかかり利益は出ていないと弁明する経営者も多いはずだ。しかし，働く者にとっては自分たちが一生懸命に頑張った結果，売上高が伸びたと考える人が多い。働く者にとってはわかりやすい指標だが経営者の賛同は少ない。

B. 付加価値額（または粗利益高）基準方式

　　原資＝（付加価値－基準付加価値額）×配分係数

付加価値については先に触れたが，付加価値のことを一般的には利益ともいう。利益に直接的に関与するのは上級管理者や経営者であり，働く者の多くは間接的に関与している。私達は経営者や上司の指示で働いている。それなのに，利益が出なかったときに，どうして私達まで経営上の責任をとらなければならないのかとする議論がある。

また，経営者側にも付加価値について，減価償却費を含めて考えるのか，除いた純付加価値なのかの議論がある。原価償却費については，働く側からも今なぜその投資が必要なのか，もし付加価値を指標にするのであれば原価償却費を除いた純付加価値ではない付加価値を取り上げるべきだとの意見が多い。

C. 経常利益額基準方式

　　原資＝（経常利益額－基準経常利益額）×（1－税率）×配分係数

経常利益方式は経営者の多くが支持する方式である。この方式を採用すれば経営は安泰である。経常利益は営業収入高から材料費，外注費，消耗品費,動力費，諸経費，減価償却費，人件費，金融費用，賃借料を差し引きした最終利

益である。この最終利益（経常利益額）によって賞与原資を算出すると人件費はコストとなる。原価償却費も人件費も，利益を作り出す源泉ではなく経費として考えるので，リストラやコスト削減が課題となる。

働く者の多くの意見は「自社の経常利益が良い，悪いは経営者の責任」であるので，私達の賞与がアップ，ダウンしてはタマランと反対意見を述べる。

D. 付加価値人件費枠配分方式

原資＝（付加価値額×労働分配率）－（支給済賃金）

一般的には付加価値には減価償却費や人件費を含む。この付加価値（利益）を分母にして人件費を除したもの，「人件費対利益」の割合を労働分配率という。労働分配率については産業によって若干の違いはあるが，非常に優れている40％以下，優れている50％，普通65％前後，問題あり70％，ダメ80％以上がひとつの目安である。

過去3～5年間のデーターを基に労働分配率を計算し，付加価値額に乗算して本年の人件費枠を求める。この人件費枠からすでに支払い済みの総月例賃金を差し引きした残額が賞与総原資になる。付加価値は労使の話し合いの原点であり，労使にとってはどちらにも有利に偏らない指標である。

付加価値は年度予算で立案する。期首のスタート時はあくまでも予定であり，期末に実績付加価値になる。

図表12-2　付加価値の概念

売上高（OP）										
粗利益高										仕入原価
粗付加価値						外部購入価値				
付加価値（V）						外部購入価値				
純付加価値						外部購入価値				
利益（内部留保）	配当金	租税公課	賃借料	金融費用	人件費（W）	減価償却費	諸経費	動力費	消耗品費	外注加工費	材料費・仕入商品
経常利益（R）											

したがって，本来の公式は，

原資＝予定付加価値×予算協定労働分配率－月例支給人件費総額＝賞与支給総原資

で全社員に明示する。要するに，3月決算の組織では，12月冬季賞与は業績の予定払い，期末後の8月（夏季賞与）は業績の締めによる精算払いとなる。

② 個人別賞与支給額の算定

今期の賞与支給総原資が決まると，この原資を各個人別に業績や貢献度に応じて配分する。その賞与計算公式にもいろいろあるが，賞与の性格づけによって，そのシステムも異なったものとなる。個人別賞与決定の方式には次のようなものがある。

A. 支給額＝算定基礎額×賞与平均支給月数×人事考課係数（成績，業績係数）×勤怠係数×部門別係数×職階，職能係数

この公式の留意点は，算定基礎額をどうするのかの課題がある。基本給かそれとも定額方式なのかである。基本給を算定基礎額とする場合，賞与に生活一時金の性格を持たせる場合は，この部分に基本給＋家族手当を算定基礎額とするのが理論的にも説明がつく。算定基礎額を定額方式にする場合は，職能資格等級別，職階別に決めるのか，それとも経験年数別定額かなどを決める。いずれにしても，きちんとした政策を持って設計しなければならない。公式の賞与平均支給月数の算定は，次の算式により計算する。

賞与支給総原資÷賞与支給対象者の基準賃金総額（基本給または所定内賃金，または基本給に役付手当，管理職手当を加えた額の総額）＝支給月数（支給率）となる。

部門別係数は政策係数である。部門において顕著な業績や貢献があった場合に，特定部門に加点をする。部門別係数を適用する場合は，ある特定部門の配属者が屋上を重ねて有利にならないように基準の明確化に留意する。

職階，職能係数の適用は能力，成果主義賃金運用の要となる。職階係数を適用することによって同じ資格等級に在籍する一般職員との格差付けが可能とな

るからだ。この係数がないと同資格者の一般職と重責を持つ管理職の賞与は同額または逆転現象も生じるおそれがあり，職階係数を設定することによって賞与額の逆転を防ぐことができる。

B. 支給額＝（算定基礎額×一律支給月数×勤怠係数）＋（等級別考課別点数×１点単価）

この公式は成績，業績を反映させない一律支給月数の適用に特徴がある。生活一時金部分を明確にした算定方式である。

業績反映部分は賃金連動から切り離し，等級別考課別賞与として計算する。等級別考課別点数は賞与総原資を算出し，その総原資を等級別考課別の総点数（各人が獲得した考課別ポイント点数の全社員の合計ポイント点数）で除し，１点当たりの単価を算出する。その後，各人が獲得した等級別考課別点数に単価を乗算し，各人の賞与額を算定する。

この公式を採用するためには，あらかじめ「賞与等級別考課別点数表」を決めておかなければならない。ここで問題になるのは等級間，考課段階別の点数の格差をどのように設計すべきかである。ポイントは，従来の賞与支給実態の傾向値（等級別賞与支給平均額）から点数を編み出すことになる。この公式は，査定のない一律支給月数による生活配慮型賞与と，査定賞与型の２つの方式を組み合わせた穏やかな能力，成果主義賞与導入の参考事例として参照していただきたい。

C. 支給額＝等級別考課別点数×１点単価×勤怠係数

上記B．の賞与支給算定公式の業績反映賞与部分を抜き出した算式である。各人が獲得した等級別考課別ポイント点数に１点当たりのポイント単価を乗算し，勤怠係数を乗算して賞与を算出する。月例賃金から切り離したポイント賞与は，これからの新しい賞与支給のスタイルとして大いに普及すると思われる。

③ 人事考課係数の設定

業績反映賞与の支給において大切なことは，成績，業績の捉え方と考課係数

の設定の仕方である。成績，業績の把握においては，営業職や工場で生産に携わる生産部員は数値把握が容易であるが，その他の定性部門に従事する社員については可能な限り目標を目で見える形に明確化しなければならない。

考課係数の留意点は組織全体の業績，部門業績，個人成績，職種別係数の4種類の客観的データーをしっかりと把握することが重要である。組織全体の業績は売上高，経常利益などの指標をおさえておけば考課段階を明確に判定することができる。

また，部門業績は特定部門の苦労や努力に対して支給するので，規定やルールをオープンにしておくことが肝要になる。特定部門が有利にならない指標の選択が必要である。

個人評価においては今期目標の達成度を考課するので，社員各人の職能に見合った課業（仕事）の職務編成が大切である。

職種係数についてはこの係数をセットすることにより社会相場に見合う，また相場以上の賞与を支給することができる。いずれも人事政策である。今後の雇用情勢を良く勘案し，政策を打つことが大切である。

図表12-3　人事考課係数の設定（例示1）

考課ランク	S	A	B	C	D	上下の差	格差
考課係数	1.20	1.10	1.00	0.95	0.90	±30%	変形
	1.20	1.15	1.10	1.05	1.00	±20%	等差

※例示では今期賞与の支給率3カ月としたとき，「B」考課で変形の時3カ月，等差のときは3.3カ月の支給を意味している。

図表12-4　人事考課係数の設定（例示2）

考課ランク	S	A		B			C		D	格差
	S	A1	A2	B1	B2	B3	C1	C2	D	
相対区分	2.5%	5%	10%	20%	25%	20%	10%	5%	2.5%	等差
考課係数	120	115	110	105	100	95	90	85	80	±40

※例示2は「相対区分と考課係数」のセットで賞与支給額が決まるシステムである。社員は必ずS〜Dの考課点数順に並べ，定められた人数制限（％）の人がS－Dの夫夫のゾーンに配置される。

図表12-5　人事考課係数の設定（例示3）

考課ランク	S	A		B			C			D
		1	2	1	2	3	1	2	3	
相対区分	100~94	93~85	84~76	75~69	68~62	61~56	55~49	48~43	42~37	36以下
考課係数	120	115	110	105	100	95	90	85	80	75

※例示3の相対区分欄は考課点数を示し考課点数が決まれば必然的に考課係数欄に位置づけられる。（考課点数が決まれば考課係数は必然的に決まる）。

図表12-6　人事考課係数の設定（例示4）

考課ランク	1～3等級	4～6等級	7～9等級
S	1.2	1.3	1.5
A	1.1	1.1	1.2
B	1.0	1.0	1.0
C	0.9	0.9	0.8
D	0.8	0.7	0.5

※例示4は等級別に人事考課係数の格差が異なり，上位等級になるほどS～Dの格差は拡大する例示である。上位等級になるほど裁量権は大になり，成果獲得結果を厳しく査定される。

図表12-7　人事考課係数の設定（例示5）

考課ランク	一般職	指導監督職	管理・専門職
S	1.2	1.3	1.6
A	1.1	1.2	1.3
B	1.0	1.0	1.0
C	0.9	0.8	0.7
D	0.8	0.7	0.4

※例示5は例示4の等級別を職階別（一般職，指導監督職，管理・専門職）に置き換えた人事考課係数の例示である。

例示6はグレードポイントを3区分（職階をアシスタント，スタッフ，マネジメント）に分け，各社員が獲得したグレード別の人事考課点数に1点当りの単価を乗算し賞与額を算定する方式である。

しかし，役職者はさらに役職ポイントを，GL（グループリーダ），M（マネジメント），GM（ゼネラルマネジャー）3つの役職職階に分け役職ポイント点数を設定している。各役職者はこの役職ポイントに沿って，獲得した役職ポイント別人事考課点数をグレード別の人事考課点数に加算し合計ポイントを計算し，その合計点に単価を乗算し賞与額を算定する。

図表12-8　賞与配分ポイント表（例示6）

← グレードポイント →

人事考課	アシスト	スタッフ	マネジメント
S	120	180	240
A	110	165	220
B	100	150	200
C	90	135	180
D	80	120	160

← 役職ポイント →

人事考課	GL	M	GM
S	20	60	100
A	15	45	75
B	10	30	50
C	5	15	25
D	0	0	0

次の表は仮定の例示であるが，評価結果，グレード，役職位の条件設定の時，賞与はどのように計算されるのであろうか。

図表12-9　各社員の位置づけと考課結果表

氏名	評価結果	グレード	役職
鈴木	A	マネジメント	GM
佐藤	C	マネジメント	M
小島	S	スタッフ	なし
山田	B	アシスト	なし

グレードポイント，役職ポイントを「各社員の位置づけと考課結果表」の条件に合わせてポイントを計算すると次のような賞与計算になる。

図表12-10　賞与計算（例示）

	グレード	役職	合計
鈴木	220	75	295
佐藤	180	15	195
小島	180	0	180
山田	100	0	100
合　計			770

図表12-11　付加価値率と評定ランク（例示7）

付加価値率	ランク	賞与への反映	
		部長クラス	担当部長・課長クラス
225％以上	S	＋20％	＋15％
175％以上225％未満	A	＋15％	＋10％
125％以上175％未満	B	＋8％	＋5％
75％以上125％未満	C	±0％	±0％
25％以上75％未満	D	－4％	－3％
0％以上25％未満	E	－8％	－5％
0％未満	F	－10％	－8％

※付加価値率（過去3年間程度の実績から算定）を考課ランクに置き換え、現状賞与支給額のアップダウン率を明確化した事例である。

※付加価値率（％）＝ $\dfrac{付加価値}{売上高}$

図表12-12　総合職　等級別人事考課別ポイント点数表（例示8-1）

職能等級	査定ランク				
	S	A	B	C	D
9等級	264	242	220	198	176
8等級	240	220	200	180	160
7等級	216	198	180	162	144
6等級	192	176	160	144	128
5等級	168	154	140	126	112
4等級	156	143	130	117	104
3等級	144	132	120	108	96
2等級	132	121	110	99	88
1等級	120	110	100	90	80

図表12-13　技能職　等級別人事考課別ポイント点数表（例示8-2）

職能等級	査定ランク				
	S	A	B	C	D
4等級	156	143	130	117	104
3等級	144	132	120	108	96
2等級	132	121	110	99	88
1等級	120	110	100	90	80

※例示8-1は総合職（ホワイトカラー），8-2は技能職（現業職）の等級別人事考課ランク別の賞与ポイント点数事例である。1点当りの単価が総合職と技能職では異なり，また技能職は定型業務が中心であり職能ランクが4等級で頭打ちになっている。

④　賞与と年収ベース，生涯賃金

　どんなに多額の賞与を支給しても，月例賃金が社会水準より明らかに見劣りするならば，そこに働く社員は賞与を月例賃金の後払いと考えるはずである。したがって，賞与を考える時は月例賃金が安定的に支給され，安定的な基本給であるかどうかも検証して見ることが必要である。

　次に月例賃金と臨時給与（賞与）の合計支給額，すなわち年収ベースがどうなっているかの確認を行う。わが国では年間5カ月分に近い臨時給与が支給されているが，この臨時給与は企業の業績変動を吸収する人件費の調整機能を

持っている。3カ月分を固定的な生活一時金とすると、残りの2カ月分は変動的な賞与ということになる。

普通の家庭では、賞与から3カ月分を切り崩して毎月の生活費の赤字補填をしている。どこまでが生活一時金で、どこから業績賞与であるかはそれぞれの労使間で自社賃金の水準や臨時給与の大きさを検討し判断することが必要である。

賞与に月例賃金の調整部分があると考える企業では、固定的生活一時金と成果配分賃金（業績反映変動賞与）の2つによって賞与システムを構成している。

月例賃金は、短期的な生産性や業績の変動にかかわらず安定的に支給されるが、賞与は自社の支払能力に応じて人件費を調整し、経営を安定させることができるとする考え方である。

月例賃金 ＋ 固定的生活一時金 ＋ 成果配分賃金（業績反映変動賞与）

15カ月分（ベース年収）

さて、日本のサラリーマンの生涯賃金は約3億円といわれる。その内訳は次のとおり月例賃金、臨時給与、退職金の3つである。

月例賃金65％、臨時給与28％、退職金7％の構成割合である。

図表12-14　生涯獲得賃金の内訳

生涯賃金　3億		
	65％………	19,500万円（月例賃金）
	28％………	8,400万円（臨時給与）
	7％………	2,100万円（退職金）

年間賞与計算の支給月数は、生活一時金（固定的賞与）3カ月に業績変動賞与2Xカ月として計算するのが一般的であるが、Xは業績変動要素であり、今期はどの要素にウエイトを置くのか、またその要素をどう活用するのかは、そのときの企業経営状況や企業ニーズにより異なったものとなる。

年間賞与月数 ＝ 固定的賞与3カ月 ＋ 業績変動賞与2Xカ月
　　※Xは「経常利益」,「今期の業績見通し」,「賞与の世間相場」,「労使関係」

社員1人当たり平均賞与額 ＝ 賞与支給総原資 ÷ 社員数
　　　　　　　　　　　　＝ 平均所定内賃金（または平均基本給）×支給月数

　　※賞与に月例賃金の後払い的, 生活一時金部分の性格があると認定した企業で, 固定的生活一時金の計算において「基本給」に「家族手当」を加算し, 賞与算定基礎給としているところがある。これは理屈であり, 正しい。しかし, 業績反映賞与の算定基礎給は実力, 成果の反映であるので「基本給」のみとすべきである。

賞与算定基礎給：生活一時金＝「基本給」＋「家族手当」, 業績反映賞与 ＝ 「基本給」

⑤　短期的な処遇システムの確立

　昇格, 昇給, 賞与を処遇の3本柱と呼ぶ。その中でも賞与は独特の性格を持っている。賞与査定は一過性であり決して累積的なものではない。

　この点が基本給に直結する昇格, 昇給と賞与との相違点である。月例賃金は世間相場や消費者物価の動向などを反映した社会性の強いもので, 企業の独自性はあまり持ち込むことはできない。

　しかし, 賞与はある程度業績に応じて弾力性に富むものである。企業によっては業績に関係なく一定額を支給したり定率で計算をしているところもあるが, それは本来の賞与ではない。

　さて, 人事考課で運, 不運がある成績考課を昇格, 昇給のように累積させていくことは不公平を一層助長させて行くことになる。成績（業績）は継続性のない不安定なものであり, それを受け止めるのが賞与である。したがって, 賞与支給基準は「やればやっただけ」の一過性の処遇システムとして作成明示することが大切である。

　すると, 対前期比の増減などによる比較査定で各人の賞与額を決めるのは, 賞与の性格では説明ができない。もし, 賞与必要予算源費が不足しているならば, 賞与予算枠の中で生活一時金部分と業績反映部分にすっきりと分離し, 業

績反映部分は業績によって変動があるようにメリハリをつけるのが本来の業績反映賞与である。

⑥ 勤怠係数，勤怠控除の方法

賞与支給対象期間中の不就労日数（欠勤，遅刻，早退，等の換算による欠勤，休職日数）を賞与額に反映させるのが，一般企業の通例である。「不就労日数÷就業所定日数」で表すことができる。

「欠勤控除の取扱い」また，「欠勤事由別出欠勤の取扱い」は次のとおりである。

① 勤怠係数 $= 1 - \dfrac{対象期間中の欠勤日数}{対象期間中の所定就業日数}$

② 勤怠控除額 $= \dfrac{勤怠控除前の賞与額}{対象期間中の所定就業日数} \times 欠勤日数$

図表12-15　欠勤事由別出欠勤の取扱い（例示）

欠勤事由			出欠勤の取扱い
年次有給休暇			出勤扱い
特別休暇	慶弔その他		出勤扱い
	公傷	欠勤1カ月未満	出勤扱い
		欠勤1カ月以上3カ月未満	1/3欠勤扱い
		欠勤3カ月以上6カ月未満	1/2欠勤扱い
	災害	欠勤1カ月未満	出勤扱い
		欠勤1カ月以上	欠勤扱い
私傷病欠勤			欠勤扱い
自己都合欠勤			欠勤扱い
産前産後休暇			欠勤扱い
生理休暇			欠勤扱い
育児休暇			欠勤扱い
介護休暇			欠勤扱い
遅刻・早退・私用外出等			3回につき1回の欠勤扱い ただし，1回4時間以上は1日欠勤とみなす

⑦ 賞与支給対象の除外（例示）

通常，賞与支給対象者は対象期間は6カ月のうち3カ月以上（暦日）勤務した社員と定めている企業が多く，勤続3カ月未満者には寸志，金一封の定額支給としている例が多い。

また，賞与の算定期間を満たしても，賞与支給日に在籍していない社員には支給をしないと定めている企業も見られるが，賞与の性格を踏まえて労使で話し合い，対応を明確にしておくことが必要である。

例示は賞与100％支給は在籍1年以上者で，1年未満者の支給率は表のように掛け率によって減額される。

図表12-16　賞与支給対象者の除外（例示）

区　分		掛　率
在籍1年以上の者		100%
在籍1年未満の者	10カ月以上1年未満	90%
	8カ月以上10カ月未満	80%
	6カ月以上8カ月未満	70%
	4カ月以上6カ月未満	60%
	3カ月以上4カ月未満	50%
	3カ月未満	※（寸志）

※新規学卒者，中途採用者，休職者または長期欠勤者etc.に適用する。

2　わが社の経営収支状況のチェックと改善

賞与総源費の把握のためには，自社の財務体質の良否について，人事担当者といえども最低限の知識は持っておかなければならない。主なチェック項目は次のとおりである。

① 「経営に必要な資本（総資本）の構成」，すなわち自己資本と他人資本（借金）とのバランスである。他人資本は借金であるから返済期限があり，利息を払わなければならない。

自己資本を充実するためには利益を上げ，内部留保に努めることが必要であ

る。自己資本と含み益（含み損）（時価と取得原価との差額）にも留意が必要である。

$$自己資本比率（\%）= \frac{自己資本}{総資本} \times 100$$

② 財務体質の良否（自己資本比率）

判断の目安

・40％以上なら最良
・20％以上40％未満なら普通
・20％未満なら問題含み

図表12-17　B／S（貸借対照表）（例示）

流動資産	資産計 (2,000万円)	負債計（他人資本） (1,500万円)	流動資産
固定資産			固定資産
繰延資産		(500万円) 資本計（自己資本）	

・資産計　2,000万円　＝　負債・資本計2,000万円
　　（総資産）　　　　　　　　（総資本）

・$自己資本比率（\%）= \dfrac{自己資本}{総資本} \times 100 = \dfrac{500}{2,000} \times 100 = 25\%$

3 社員1人当たりの効率性はどうか

(1) 社員1人当たりの働き

損益計算書（P/L）から計算する。すなわち，売上高，売上総利益，一般管理費，1人当たりの経常利益など各項目相互の伸び方のバランスをチェックする。

a．$1人当たりの売上高 = \dfrac{売上高}{社員数}$

b．1人当たりの粗利益 = $\dfrac{粗利益高}{社員数}$

c．1人当たりの付加価値額 = $\dfrac{付加価値額}{社員数}$

d．1人当たりの一般管理費 = $\dfrac{一般管理費}{社員数}$

e．1人当たりの経常利益 = $\dfrac{経常利益}{社員数}$

社員数には，パート，臨時社員等を含む。ただし，パート，臨時社員については個々の企業に合った換算率，例えば，1/2を乗算するなどにより社員数とみなす。

(2) 企業業績に取り組んだ社員1人ひとりの貢献度

a．1人当たりの付加価値額 = $\dfrac{付加価値}{社員数}$

b．1人当たりの一般管理費 = $\dfrac{一般管理費}{社員数}$

c．1人当たりの経常利益 = $\dfrac{経常利益}{社員数}$

社員数には，パート，臨時社員等を含む。ただし，パート，臨時社員については個々の企業に合った換算率，例えば，1/2を乗算するなどにより社員数とみなす。

d．1人当たり自己資本 = $\dfrac{自己資本}{社員数}$

以上から賞与制度設計のポイントを挙げれば，賞与制度に業績反映変動賞与部分のシステムを持つことによって経営は安定したものになること。また，積

極的に業績を作り上げていくためには，成果配分賃金を導入することである。その成果配分賃金導入のシステム作りのポイントは次の3つがある。

① 成果配分賃金は経営側が一方的に業績に応じて追加賃金を支払うことではない。
② 成果の算出に関する目標・手段・測定等について，労使間で協議，協力する。
③ 一定の方式で成果の配分還元を行うシステムであり，労働側の積極的経営参加の意識と機能を持つシステムを考える。

賞与は，賃金のショック・アブソーバー（調整弁）である。

超高齢化時代の退職金制度

退職金の設定は就業規則の記載事項である。労働基準法第89条には，「退職金は相対的必要記載事項」と定められており，義務化はされていない。しかし，日本企業の8割は制度化しているといわれている。退職金制度は従来の年功終身雇用体制から，勤続が長ければ長いほど退職金額が高い退職金であったが，今日の能力・実力・成果主義人事は在職中の組織貢献度反映の性格に変わりつつある。

最近の早期退職優遇制度の普及は，永年勤続奨励型の退職金とは逆の性格に変わっていることを意味している。退職金の性格も時代の変化とともに変わっている。

さて，賃金制度を変えれば必然的に退職金制度も見直しの問題が出てくる。すなわち，今までの退職金は基本給連動型が大半であるからである。退職金の算定方式，水準，支給方法と設計の仕方が大きく変わってきている。

退職金問題は，今や大きな企業経営上のテーマになっている。その課題は社会的背景の変化，すなわち労働力高齢化の進展によるもので，企業の労働環境条件も早急に見直し改善整備を図らなければならない点である。

社会的背景として，「公的年金の支給開始年齢65歳への引き上げ」（老齢厚生年金の支給開始年齢の引き下げ）「60～64歳間の継続雇用および定年延長」「老

後の生活保障に伴う年金破綻問題」，また2001年の新会計基準の導入による退職給付債務の決算書類への開示，企業年金基金の積立不足の早期解決など課題が山積みである。

　これらの問題点を踏まえて，これからの退職金のあり方考えなければならない。最近の退職金改善の主な動きを見てみると，
　　① 退職金に成果主義を反映させる動きが見られる
　　② 早期退職優遇制度の導入（自由選択定年制etc）
　　③ 前払い退職職金制度の導入が進んでいる
　　④ 永年勤続は，貢献度そのものではなくなった
などであるが，退職金問題の改善作業は小手先ではなく，人事，賃金，処遇制度全般を含めてトータル人事制度の再設計を意味する。しかし，ここでは退職金問題に焦点を絞り，その改善の方向づけを図りたい。

　問題の解決にあたっては賞与と同じように退職金の性格から考えてみることにする。

(1) 退職金の性格

　退職金を論議するとき，常に浮上する考え方は次の4つに大別される。退職金の性格づけによって退職金内容と設計スタイルが変わってくるので，自社の考え方をしっかりと労使で検討議論し，統一見解を定めておきたい。
　　① 在職中の功労に対する報酬であるという「功労報償的性格」
　　② 老後，失業の生活保障を企業の社会性という観点から補充する「老後保障的性格」
　　③ 労働力の定着と永年勤続を期待する「勤続奨励的性格」
　　④ 在職中の賃金は一部支払われていないからその蓄積であるという「賃金後払的性格」

　これらの性格の中から，今一番支持が多いのは「功労報奨的性格」「老後保障的性格」の2つである。

　これまでの退職金制度は，算定基礎額（基本給）そのものが年功により増加する仕組みであって，それに退職するまでの年数比例係数が乗算される算式で

あった。

「退職時の算定基礎額×勤続年数別係数×退職事由別係数」

これでは雇用延長，仕事と能力のミスマッチには対応できない。人材不足が叫ばれる中，70歳雇用問題が視野に入る時代になった今，勤続年数の伸びがそのまま退職金支給率に累積される状態では，とても高齢者雇用は前向きには進まない。これらの必然的な問題の検討は従来の退職金制度の有り方を既成の枠組みから外し，根本的に見直し検討する必要性を意味している。各企業における制度見直しは，おおむね次の諸点について検討が加えられている。

① 退職金の性格の変化
② 退職金の算定方式
③ 退職金の支払い形態
④ 退職金の水準とその動向
⑤ 60歳定年下の退職金の取扱い

(2) これからの退職金制度の構築

これからの退職金を考える新視点は次の4つである。
① 勤続期間の職務，業績貢献度を的確に反映できるものであること
② 支給水準が世間と大きく乖離せずにメンテナンスが容易にできるもの
③ 算定式の構成要素が論理的・合理的でバランスが取れていること
④ 算定式がわかりやすく，長期間使用できるものであること

算式は，次のように基本給に連動しない方式でポイント制（点数方式）が新しい方式として注目をされている。

早期退職金制度や前払い退職金制度の導入などは，働き方の見直しや雇用体制のあり方を抜本的に変える新しい労働のあり方を示唆している。

(3) 退職金算定方式の種類

退職金算定方式は，基本給に連動する方式と連動しない方式に分けられる。さらに，賃上げのすべてがハネ返るものと賃上げの一部しかハネ返らない,いわゆる第2基本給型に分類できる。もうひとつは別テーブル方式や定額方式,

あるいは点数方式がある。

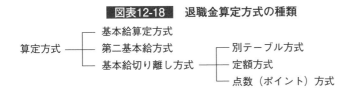

図表12-18 退職金算定方式の種類

最近の各社の退職金計算基礎額を見ると，賃上げによる退職金へのハネ返りを抑制するため第2基本給を導入したり，基本給と切り離して別方式による点数制や別テーブル方式などで対応するケースが増えている。特に基本給切り離し方式のうち，職能資格制度や役割〔実力〕等級制度にリンクしたものが増えており，新たな制度として注目されている。基本給切り離し方式の一例を示せば次のとおりである。

$$\{職能点数（人事考課点数）+勤続点数\}×点数単価×勤続年数別支給係数$$

① 点数（ポイント）方式とは

この方式は基本給，賃上げと切り離し，能力・実力の貢献度要素を加味する方式で，今最も合理的な退職金制度だといわれている。ポイント制退職金制度の構成は「勤続貢献部分」「職能貢献部分」，必要により「役職位貢献部分」による。

それぞれの構成要素の性格は，「勤続貢献部分」は勤続年数に対応し，「職能（役割等級）貢献部分」は各職能〔役割〕資格等級在級期間における貢献度合いを見たもので，「役職位貢献部分」は職能〔役割〕貢献以外に役職位就任による貢献度から設定されるもので，各社の任意による加算である。

その他，「功労加算部分」を設定する場合もあるが，これも企業ニーズに基づく加算部分である。

以上からポイント制退職金算定方式を組み立てると次のとおりである。

ポイント制退職金の計算＝｛（勤続貢献累積点数×勤続貢献単価）＋（職能（役割）貢献累積点×職能（役割）貢献単価）×退職事由別係数｝＋｛（各役職位貢献累積点×各役職位貢献単価）｝＋功労加算金

※退職事由別係数は退職理由別に設定された減額係数である

　以上のポイント制退職金の理論構成は，勤務の質を職能（役割）貢献度で評価し，勤務の量は勤続貢献度で評価する方式であるが，勤続と職能（役割）のどちらをどう重視するか（ウエイトの置き方）は各企業の方針，ニーズ，また考え方によって自由に設計できる。

　ポイント制退職金制度のキーになる職能貢献度は，社員の入社後のそのときどきに与えられた役割に対する貢献の度合いによって評価されるべきであり，職能（役割）資格がその基準となり，職能（役割）ポイントが人事考課別に設定されているのが一般的である。

　また，勤続貢献度は，全社員均一的に勤続期間に応じて算出される部分で，勤続ポイントが算定の尺度になる。

　ポイント方式のタイプには次のような種類がある。
① 職能ポイントのみ
② 職能ポイント＋勤続ポイント
③ 職能ポイント＋役職ポイント＋勤続ポイント
④ 職能ポイント×勤続係数
⑤ 職能ポイント＋考課ポイント＋勤続ポイント
⑥ 職能ポイント＋昇格ポイント
⑦ 職能ポイント×人事考課

② 別テーブル方式（別表方式）

　別に退職金表を作る方式である。具体的には退職金が明示されているので，わかりやすくしかも賃上げとは無関係である。退職金の算定は，具体的には退職金表にその時点の物価水準や時点係数（退職金の社会水準）を乗じ，さらに

職能（役割）貢献度を反映する職能（役割）係数を乗じて退職金を算定する。
　別テーブル方式による退職金の計算＝退職金表×時点係数×職能（役割）係数×退職別係数の公式で計算する。

③　点数（ポイント）方式への切り替え方法

　ここでは今後，退職金設計の主流になると思われるポイント制退職金への切り替え方法についての留意点と，その方法およびその後のメンテナンスについてポイントを集約して解説をする。

A．切り替え時点における退職金額は全額保障する。
B．切り替え時点における退職金額（会社都合）を1ポイントの金額で割り算をしてポイント数に換算する。
C．ポイント単価の見直し方法を明確にしておく。
　a．ベア率を100％反映させる。
　b．ベアの一部を反映させる。50％を上げる。
　c．物価上昇率を100％反映させる。
　d．物価上昇率の一部を反映させる。
D．見直しの方法を明確にしておく。
　a．労使間で上記のいずれかの方法で行うかを決め，自動的に上げる方法（ただし3～5年で見直す方法が望ましい）を採用するか，それとも，
　b．毎年労使間で上げ幅について交渉する方法をとるか，見直しの方法を決めておく。
E．ポイント構成上のウエイト見直し。

　職能（役割）指向を強めたい，また勤続指向を強めたいかなど，必要時に人事戦略によって職能や勤続ポイント点数を政策的に決められる。
　以上から，ポイント制退職金制度の特徴をまとめると，
　・覚え書きを作成しておくことが必要である。
　・職能（役割）資格と人事考課による「職能（役割）貢献ポイント」の積み上げ方式の退職金制度である。
　・年度ごとに頑張った実績が反映される（人事考課および特別加算）退職

金制度である。よって同じ等級，勤続年数でも頑張り具合によって差が生じる。
- 上位等級になればなるほど，高いポイント点数を獲得できる退職金制度である。中途採用者にも不利にならない退職金制度である。

(4) 参考事例（A社の新退職金制度）

a．退職金規定の適用範囲
就業規則に定める社員とする。契約社員，嘱託，パート，臨時に雇用する者は含まない。

b．退職金支給条件
退職金は勤続3年以上の社員が退職したときに支給する。ただし，会社都合退職と自己都合退職がある。
- 会社都合退職：定年，在職中の死亡，業務上の災害による退職
- 自己都合退職：休職期間の満了時（公傷病休職を除く）

c．退職金の計算
退職金は次の計算式により計算する（点数単価10,000円）
- 会社都合退職事由

    （勤続累積点数＋職能累積点数）×点数単価

    ただし，職能累積点数は毎年昇給に適用する人事考課を適用し，人事考課を反映した役割・職能資格等級別の点数とする。
- 自己都合退職事由

    （勤続累積点数＋職能累積点数）×点数単価×勤続年数別支給係数

    ただし，職能累積点数は毎年昇給に適用する人事考課を適用し，人事考課を反映した役割・職能資格等級別の点数とする。
- 勤続累積点数は入社日から起算した勤続年数に対応した勤続点数の累積点数である。休職期間は勤続の期間に含めない（欠勤期間は含める）。
- 職能累積点数は入社1年経過ごとに直近の3月末日をもって付与する職能点数（人事考課を反映した点数）の累計点である。計算基礎は，直近3月実施の昇給に適用する人事考課によって算定する。

・自己都合退職事由の勤続別支給率は，勤続年数により異なる。

d．特別加算

　社員が在職中に社会貢献，企業貢献などで受賞をしたときには別に定めるポイント（点数）を退職金に加算する。また，会社が必要と認めたときは退職金に特別加算をすることがある。

e．退職願の提出と予告割増の支給

　退職願は，原則として2カ月以上前に提出するものとする。また，退職希望日の6カ月以上前に退職を申請した社員には，自己都合退職の支給率に100％を超えない範囲で20％を上乗せする。退職金は退職後2カ月以内に計算し支給する。

f．移行経過措置

　新退職金規定の適用は平成○年4月1日からとする。新退職金制度のスタートに伴い，旧退職金規定による退職金は平成○年3月末日をもって旧規定による退職金を算出し，これを点数に置き換える。4月からは新規定による勤続点数・職能点数を旧規定による点数に上乗せする形で移行する。また，勤続点数算出のための勤続は新退職金規定の移行日ではなく，各社員の入社日をもって計算する。

g．退職金の不支給，減額

　次のひとつに該当する場合は，原則として退職金を支給しない。

　・懲戒解雇されたとき
　・就業規則に定める引継ぎを完了しないで退職した場合，あるいは完了していても業務上に支障をきたした場合。
　・退職の前後において会社の秩序を乱す行為，不正または不誠意の行為，その他，会社の信用を傷つけるなどの問題行為があった場合。

h．会社都合，自己都合退職金支給率

　退職金支給率の推移は（例示）のとおりである。

図表12-19　退職金支給率の推移（例示）

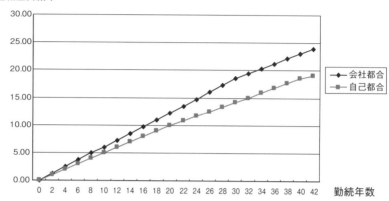

※会社都合と自己都合退職金支給率の格差をどの程度に設計するかは企業政策である。勤続30年以上勤務者については，会社，自己都合の区分を設けずに同一支給率を適用している企業が産業を問わず一般的である。（例示は区分ありの例）

(5) 退職金水準の分析，水準とカーブの検証

退職金の支給率は勤続年数に応じて増加するのが一般的である。支給率の増加傾向は，おおよそ次の4つの型に分類することができる。

a. 一律増加型
　直線となる型で各勤続1年当たりの支給率が等しいもの
b. 段階的増加型．
　勤続期間年数ごとに各勤続1年当たりの支給率が段階的に大きくなるもの
c. 累進的増加型
　指数曲線となる型で勤続1年当たり支給率が常にその前の勤続1年当たりの支給率より大となるもの
d. その他
　放物線を描く逓減型。不規則な線を描くもの

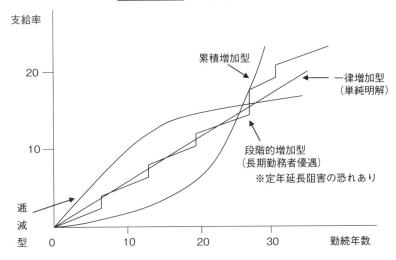

図表12-20　退職金カーブの形

　退職金勤続年数別カーブは図のようにいくつかのパターンがあり，最終到達点（定年退職金）は同じでも，中間ポイントの金額は各企業でマチマチである。退職金水準を比較する場合は準拠モデルを明確にして，特定の条件を設定し同一条件で比較しないと精密な比較はできない。労働省，経団連，中労委等のモデル定年退職金水準との比較も事業規模や業種，学歴別に自社に類似した条件のところを探し出し比較をすることが望まれる。

　準拠データを決めたら継続して活用することが，正しい経営判断につながるやり方である。

　次の職能貢献点数は役割，職能等級別，人事考課別1年当りの退職金額を表示してる。1点当たり単価1万円，毎年，役割・職能等級別，人事考課別の獲得点数を積み上げ累計し，退職時の累積点数×10,000円×退職事由別支給率＝退職金額となる。

図表12-21 人事考課を反映した退職金，1年加算額　　　　　　　　（単位：万円）

職能貢献点数表（例示1）（ホワイトカラー対象）

役割・職能資格等級	人事考課	S	A	B	C	D
Ⅰ	1	11	9	7	5	3
Ⅰ	2	12	10	8	6	4
Ⅱ	3	13	11	9	7	5
Ⅱ	4	14	12	10	8	6
Ⅲ	5	16	14	12	10	8
Ⅲ	6	22	19	16	13	10
Ⅳ	7	28	24	20	16	12
Ⅳ	8	35	30	25	20	15
Ⅴ	9	56	48	40	32	24

職務貢献点数表（例示2）（現業職対象）

等級	人事考課 S	A	B	C	D
1	7	6	4	2	1
2	8	7	5	3	2
3	9	8	6	4	3
4	10	9	7	5	4

自己都合退職支給係数（例示3）

勤続年数	支給係数
〜5年まで	0.3
6年〜10年まで	0.4
11年〜16年まで	0.5
17年〜20年まで	0.7
17年〜20年まで	0.7
21年以上	0.9

図表12-22 職能・勤続ポイント点数表〔例示1〕 1年当たり加算額（単価：万円）

勤続ポイント　　　　　職能ポイント（考課ポイント）

単位：点

勤続年数	勤続累計ポイント	開差	勤続年数	勤続累計ポイント	開差
1	6		21	269	
2	12		22	293	
3	18	6	23	317	
4	24		24	341	
5	30		25	365	
6	38		26	389	
7	46		27	413	24
8	54	8	28	437	
9	62		29	461	
10	70		30	485	
11	85		31	509	
12	100		32	533	
13	115	15	33	557	
14	130		34	557	
15	145		35	557	
16	165		36	557	
17	185		37	557	
18	205	20	38	557	0
19	225		39	557	
20	245		40	557	
			41	557	
			42	557	

資格等級	S	A	B	C	D
9	99	85	71	57	43
8	84	72	60	48	36
7	70	60	50	40	30
6	56	48	40	32	24
5	42	36	30	24	18
4	28	24	20	16	12
3	22	19	16	13	9
2	11	9	8	6	5
1	10	8	7	5	4

勤続別支給係数

（自己都合）

勤続年数	支給係数
満3年以上5年未満	0.3
満5年以上10年未満	0.4
満10年以上15年未満	0.6
満15年以上20年未満	0.8
満20年以上	0.9

1 勤続貢献点数（例示2）

勤年	1	2	3	4	5	6	7	8	9	10
点数	4	4	4	4	4	9	9	9	9	9

勤年	11	12	13	14	15	16	17	18	19	20
点数	14	14	14	14	14	19	19	19	19	19

勤年	21	22	23	24	25	26	27	28	29	30
点数	12	12	12	12	12	10	10	10	0	0

勤年	31	32	33	34	35	36	37	38	39	40
点数	0	0	0	0	0	0	0	0	0	0

勤年	41	42
点数	0	0

2 職能貢献点数（例示3）

勤年	1	2	3	4	5	6	7	8	9
点数	2	3	5	10	15	20	40	45	50

3 等級別加算（例示4）

勤年	1	2	3	4	5	6	7	8	9
点数	0	0	0	0	0	100	150	200	200

4 特別点数加算（例示5）

年齢（考課）	46	47	48	49	50	51	52	53	54	55
(最短)	15	15	15	15	15	15	15	15	15	-10
(理論)	15	15	15	15	15	15	15	15	15	-10
(普通)	15	15	15	15	15	15	15	15	15	-10
(遅)	10	10	10	10	10	10	10	10	10	-10
(最遅)	0	0	0	0	0	0	0	0	0	-10

年齢（考課）	56	57	58	59
(最短)	-10	-10	-10	-10
(理論)	-10	-10	-10	-10
(普通)	-10	-10	-10	-10
(遅)	-10	-10	-10	-10
(最遅)	-10	-10	-10	-10

5 自己都合勤続別支給係数（例示6）

勤年	1	2	3	4	5	6	7	8	9	10
係数	—	—	0.3	0.3	0.4	0.4	0.4	0.4	0.4	0.5

勤年	11	12	13	14	15	16	17	18	19	20
係数	0.5	0.5	0.5	0.5	0.8	0.8	0.8	0.8	0.8	0.8

勤年	21	22	23	24	25	26	27	28	29	30
係数	0.8	0.8	0.8	0.8	0.8	0.8	0.8	0.8	0.8	1.0

勤年	31	32	33	34	35	36	37	38	39	40
係数	1.0	1.0	1.0	1.0	1.0	1.0	1.0	1.0	1.0	1.0

勤年	41	42
係数	1.0	1.0

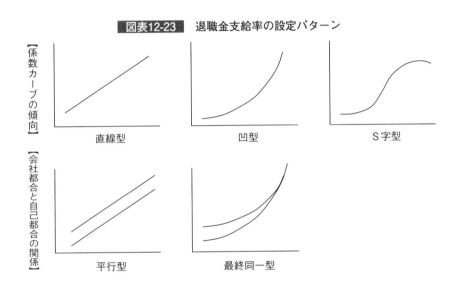

図表12-23　退職金支給率の設定パターン

(6) 60歳定年下の退職金の取扱い

　算定基礎給または支給率の一方を固定するなどの方法で退職金を抑制したり，基礎給や支給率を使わずに「別方式」で抑制するのが約半数を占める。また，一定年齢，一定勤続年数で退職金額を凍結することを含めると約7割近くを占める。年齢抑制では55歳，勤続年数では33年～35年が大勢である。

　高齢者雇用の促進とともに，従来の退職金カーブ（老後の生活保障）の見直しも進んでおり，これからは就労機会の増大とともに退職金カーブは逓減カーブ，横ばいカーブに移行することが必要である。退職金カーブも生涯ベースで

勤続10年以上は逓増型，勤続25年以上は低減型，50～55歳以上は横ばい型と，自社の実態やニーズを確認しながら見直しをしていくのが，これからの退職金のメンテナンスのやり方である。

(7) 退職金の年金化

年金は注目されている。年金といっても公的年金（国民年金と厚生年金）と企業年金があり，さらに新しく確定拠出型年金が導入された。現在日本経済は大きな転換期にあり，将来年金はもらえるのかと不安を感じている人も多い。出生率の低下は，将来の労働力人口減と高齢人口割合の増加から，年金支給年齢の引き上げや給付減の減少といった公的年金制度の見直しが迫っている。一方，企業年金制度の改革も大きな課題になっている。

株式市場の不安定さや超低金利で，予定した運用収益が得られず年金資産の積み立て不足が問題になっている。確定拠出型年金は，これまでの年金制度とは大きく異なる制度である。それは自助努力型貯蓄年金といえよう。年金は退職後の生活を支える最も重要な資金のひとつであるが，従来の年金制度だけでは老後の生活を支えるのには十分でないという状況になっている。まさに自助努力によって自分の年金を賄う時代が到来したといえる。

退職引当金をベースにした年金制度は，企業が倒産した場合に給付が保障されるか，否か不安が残るが，確定拠出型年金の場合は外部に年金資産として積立られ，保存される。

退職金の支払い形態は，「一時金と年金制度の併用」とする企業が年々増加しているのが目につく。例示は2,400万円の退職金を受け取るとすると半分は年金で，残りの1,200万円は一時金で受領する。

```
2,400万円 ┬─ (50%)　1,200万円　→　年金へ
          └─ (50%)　1,200万円　→　一時金へ
```

また，定年後の生活保障は公的年金，企業年金，個人年金の3階建で，現役時代の年収60％プラス個人年金で現役の70～75％確保できれば，穏やかな生活を送ることができる。

図表12-24 【3階建ての退職後の保障】

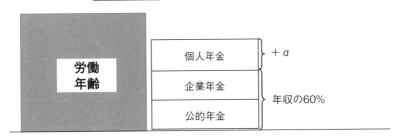

定年後,企業年金は60〜(65)〜70歳に重点,65〜70歳以上は公的年金で。

図表12-25 定年年齢と年金化率

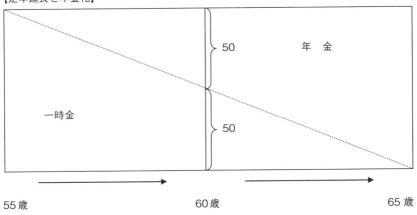

(8) 年金化についての留意点

　今,企業は新たに表面化した多額な退職給付費用の対応に追われている。新退職給付会計基準では,積立不足を抱える年金債務を企業会計に計上し,年金と退職一時金を合わせた退職給付債務を,同一の基準のもとに毎年度末に計算しなければならない。

　債務の額は実際の金利による時価で評価するため,退職給付費用は従来に比べてかなり多額である。加えて年度ごとに変動するため,退職給付費用は企業収益を圧迫する不安定要因ともなりかねない。

各社とも比較的長期で過去勤務債務の返済計画を立てていたが，金利低下で過去勤務債務の負担も収益を圧迫している。主な年金関連諸問題は次のとおりである。

1) 年金資産の運用と人件費管理問題
   ・年金資産の運用が困難
   ・退職金債務が将来的に経営を圧迫
   ・拠出金の負荷が総額人件費と予算を圧迫
   ・金利低下による年金給付債務の増加と費用負担の本体収益への影響が大きい

2) 会計基準や税制変更の影響
   ・退職給付債務が損益に与える影響が大
   ・積立金不足が表面化
   ・税制改正による引当金の非課税限度の引き下げが収益に影響

3) 高齢化と退職金支払負担の増加
   ・社員の高齢化の中で退職金支払金額の増大（定年退職者の増加etc）
   ・基本給にリンクした退職金の算定方法の危険

図表12-26　退職給付制度（受給形態を基にした区分）

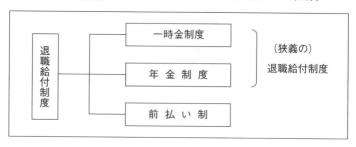

(9) 退職金の外部保全

2012年3月，適格年金制度は廃止されたが，その主な受け皿は次の3つである。制度の概要は次のとおりである。

図表12-27　退職金外部保全先の制度概要

	中小企業退職金共済	企業型確定拠出年金	確定給付企業年金（規約型）
運営主体	勤労者退職金共済機構	事業主	事業主
契約条件	従業員数か資本金が規定を下回る中小企業	厚生年金の適用を受ける事業所	厚生年金の適用を受ける事業所
支給方法	一時金（条件を満たせば5年，10年の分割払いも）	5年以上の年金，一時金	5年以上の年金，一時金
退職理由による給付額の変更	できない	できない	できる
1人当たりの掛け金の上限	月額30,000円	月額46,000円	ない

図表12-28　中退共加入条件

●中退共（中小企業退職金共済）の加入条件●

加入条件	製　造　業：従業員300人以下または資本金3億円以下 卸　売　業：従業員100人以下または資本金1億円以下 サービス業：従業員100人以下または資本金5千万円以下 小　売　業：従業員50人以下または資本金5千万円以下

図表12-29　退職金の外部保全運用イメージ

中小企業退職金共済	企業型確定拠出年金	確定給付企業年金 （規約型）
勤労者退職金共済機構が運用する （予定利回りは現在1％）	従業員が自分で運用する	会社が契約した生保，信託銀が運用する （運用利回りは年1〜3％程度）

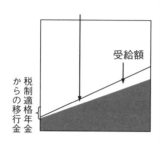

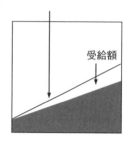

	中小企業退職金共済	企業型確定拠出年金	確定給付企業年金
従業員のメリット	独立行政法人が運用から支給まで行う	運用次第で年金の受給額を増やすことができる	会社が運用に責任をもち，年金の受給額を保証してくれる
従業員のデメリット	運用利回りの変動で一時金の受給額が変動する	運用に失敗して年金の受給額が掛け金を割り込む可能性がある	自己都合で退職すれば，減額される可能性がある

Appendix

賃金関係諸規定（例示）

【賃金規程　抜粋】

第一章　総　則

（目的）
第○条　この規程は，就業規則第○条に基づき○○会社，（以下「会社」という）における社員に対する賃金の決定，計算，締め切り，支払時期，支払方法および昇給に関する事項を定める。ただし，年俸制社員，嘱託社員，パートタイマー，アルバイトを除くものとする。

（定義）
第○条　この規程にいう賃金とは，労働対価の原則および生活保障の原則に則り，会社が社員に支払う全てのものをいう。

（賃金の構成）
第○条　賃金の構成は次の通りとする。

【賃金構成図】

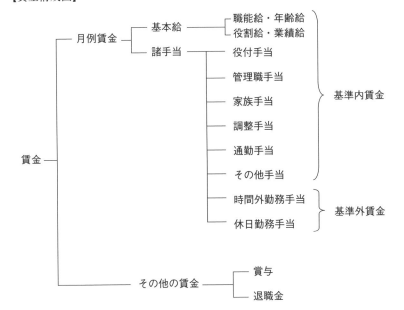

（基本給の適用）
第○条　基本給は，職能給または役割給または業績給とする。役割給は，役割等級ランクごとに別に定める通りとする。ただし，統括課長以上の管理職は役割給にチャレンジ考課係数と業績考課を反映した業績給を適用する。

第二章　月例賃金

（賃金決定の原則及び形態）
第○条　社員の賃金は，会社の支払能力，社会的水準，物価及び職務遂行能力，年齢，職務，役割などを総合勘案して決定する。
　　２．社員の基準内賃金の支払い形態は月給制，日給月給制とする

（平均所定労働日数などの計算方法）
第○条　本規定に定める１ヶ月の平均所定労働時間及び平均所定労働日数の計算は次の算式による。
　　①１ヶ月の平均所定労働日数＝１年間の総労働日数÷12ヶ月
　　②１ヶ月の平均所定労働時間＝１年間の総労働日数×7.5時間÷12

（欠勤等の賃金計算）
第○条　就業規則第○条に規定する年次有給休暇と第○条の慶弔休暇に対しては，通常の賃金を支給する。
　　２．社員が欠勤した場合は，次の計算式により計算し控除する。

$$1ヶ月の基準内賃金 \times \frac{欠勤日数}{1ヶ月の平均所定労働日数}$$

（小数点第３位まで）

（中途入退職者等の賃金計算）
第○条　賃金計算期間の中途入退職（解雇も含む），または復職，休職した者の当月の賃金は日割り計算の算出により支払う。

第三章　昇　給

（昇給）
第○条　昇給は原則として，年齢給，職能給（昇格昇給，習熟昇給），役割給などの改定，ベースアップ，ベースダウンに区分し実施する。ただし，定昇は係長以下，45歳未満の一般社員を対象に年齢給，習熟昇給適用者に実施する。ただし，年齢給は48歳を上限とし，また習熟昇給は毎年１回人事考課を反映し，かつ該当等級の最高号俸に到達している者を除く。
　　２　昇格昇給は臨時昇給とする

3　45歳以上の一般社員また課長以上者には定昇のない役割給を適用する。
　4　役割給の昇給は臨時昇給とし昇格昇給にて実施する。
　5　定昇は4月分支給の賃金から行う。ただし，前年4月1日から当年3月末日までの1年間に6ヶ月以上の欠勤，休職のある者，また，4月1日現在で入社6ヶ月未満の者および習熟昇給また役割等級の最高号俸到達者を除く。
　6　職能資格等級・役割資格等級の各昇格昇給は原則として昇格した日の属する賃金計算期間の当月の賃金支払から行う。

（役割給，業績給の適用）
第○条　役割給または業績給は役割または業績の違いに応じて支給する。

（臨時昇給）
第○条　臨時昇給は，職能資格等級昇格，役割等級昇格，また職能資格等級及び役割等級内の号俸昇給，また監督職・管理職への昇進，あるいは諸手当の付与または賃金改定をもって行う。

（手当等の改定）
第○条　手当等の改定は，会社の経営業績，経済環境の条件変化に伴って諸手当の新設，廃止および支給条件の改定をもって行う。

（ベースアップ，ベースダウン）
第○条　ベースアップおよびベースダウンは，業績向上，物価上昇，初任給上昇，及び経済環境の変化に対して原則として毎年見直しを行い，必要があるときは定率配分及び定額配分により，職能給・年齢給，役割給・業績給の書き換えをもって行う。

第四章　基本給

（基本給の構成）
第○条　基本給は，職能給・年齢給，役割給または業績給とする。職能給・年齢給，または役割給・業績給は，別表の通りとする。
　2．課長以上の役割給適用者，または役割等級Ⅳ以上の者は1年経過後チャレンジ係数と業績考課を反映し業績給として支給する。なお，業績給計算の基本となる役割給は別表の通りとする。

（定期採用者の初任職能給への格付け）
第○条　定期採用者・新卒採用者の初任職能給への格付けは，原則として別表の通りとする。ただし，その他の学歴者については，その都度審査し，初任職能給の号俸格付けを行う。

(中途採用者の初任給格付け)

第○条　中途採用者は，過去の職歴・経験・年齢等を総合判断し，職能資格等級または役割等級および賃金号俸の仮格付けを行う。

　　2．採用後6ヶ月経過した後に行われる人事考課により，2年以内に職能または役割業務に見合った職能資格等級または役割等級のランクづけと賃金号俸の本格付けを行う。

　　3．ただし，入社時点で職能資格等級または役割等級の格付けや本人の職務遂行能力および職務の内容等の格付け要件が明確であるときには，職能資格等級または役割等級の本格付けを直に行い等級ランクと賃金号俸を正式に決定する。

第五章　諸手当

(職種手当)

第○条　労働市場の需給状況を総合勘案の上，必要と認めた職種に対して職種手当を支給する。ただし，労働市場の需給状況により，見直しを行い変動することがある。

(役付・管理職手当)

第○条　役付手当は係長に，管理職手当は課長以上の職位にある社員に対して支給する。役付手当・管理職手当の明細は別表による。

(家族手当)

第○条　家族手当は，扶養家族のある職員に対して支給する。

　　1　前1項の扶養家族とは，所得税法上の扶養控除等申請書に記載されている親族であり，配偶者，満22歳未満の子（原則として学校教育法に定める学校に就学する者で満22歳に達する日以後の最初の年度末まで），及び所得税法に定める特別障害者をいう。ただし，内縁の配偶者で常時同居している者は同一の取扱とする。

　　2　家族手当を受けようとする場合もしくは扶養家族の数に変動があった場合は，「家族手当申告書」に最近の住民票記載事項の証明書および被扶養者の収入証明書を添付し，遅延なく部門長を経て人事担当課に提出しなければならない。なお，子供の人数については，2人までとする。

　　3　家族手当の支給は，申請・確認した翌月から支給する。ただし，1日現在に確認した者は当月に支給する。

　　4　家族手当の停止については，支給事由の消滅した日の属する月の1日現在で確認し，確認した月の当月から支給を停止する。

（調整手当）
第○条　調整手当は，賃金体系の変更等に伴い新賃金が旧賃金を下回る場合及び前収の保障を必要と認めた場合等に，その補填として支給する。ただし，変動要素を含む手当に関してはこの限りではない。

第6章　賞与・退職金

（賞与）
第○条　賞与は，各社員の組織貢献度と会社の経営業績を評価し支給することがある。
　２．賞与は別に定める「賞与規定」による。

（退職金）
第○条　退職金は別に定める「退職金規定」による。

第七章　年俸

（年俸）
第○条　この規程に関わらず，会社が必要と認めた場合は年俸契約を結ぶことがある。その詳細は別に定める「年俸規程」による。

【年俸規定　抜粋】

（総　則）
第○条　この規定は，会社における年俸制の取扱基準について定める。

（目　的）
第○条　年俸制は，次に掲げる目的を達成するために実施する。
　　(1)役割と成果に応じた賃金を支給することにより，組織活性化を図ること。
　　(2)業績への貢献と賃金と結び付きを強めることにより，経営参加意識を高めること。
　　(3)能力・実力・成果主義の人事処遇を強めることにより，経営参加意識を高めること。

（対象者）
第○条　年俸制の対象者は次に掲げるものとする。
　　(1)職能資格7等級以上，課長代行以上の者

(2)その他会社が認めた特別待遇の者

(年俸の体系)

第○条　年俸は次の算式により算定する。

基本年俸＝基準賃金$\{$(職能給＋家族手当＋管理職手当＋住宅手当)＋役割給・職責給$\}$×12ヶ月

業績年俸＝基準賃金$\{$(職能給＋家族手当＋管理職手当＋住宅手当)＋業績給$\}$×Xヶ月×チャレンジ係数×業績考課係数×会社全体業績係数

(職能給)

第○条　職能給は，職務遂行能力に応じて支給するもので，職能資格等級ごとに別表1に定める額とする。

(職責給)

第○条　職責給は，可変性のある賃金とし，本人が果たすべき役割・職責に対して支給するもので，職責グレード別に別表2に定める額とする。

(基本年俸)

第○条　基本年俸は，職能給に家族手当，管理職手当，住宅手当および可変性のある役割給・職責給を包含して，基準賃金を構成し，その基準賃金の12ヶ月をもって年俸額とする。

(業績年俸)

第○条　業績年俸は，業績目標およびチャレンジ目標の達成状況をベースに業績給を設定し，更に会社業績への貢献度等を公正に評価して決定する可変性のある年俸とする。なお，業績給を包含した基準賃金をベースに更に会社業績・チャレンジ係数・本人の業績を勘案して算定する年俸額とする。

(家族手当)

第○条　家族の有無にかかわらず，一律26,000円を職能給に組み入れ支給する。

(管理職手当)

第○条　課長代行以上の者について，次の区分により，管理職手当を職能給に組み入れ支給する。

管理職手当	
本部長クラス	100,000円
部長クラス	80,000円
課長クラス	50,000円

(通勤手当)

第○条　別に定める賃金規程に基づき，年俸外として別途支給する。

(計算期間)
第○条　年俸の計算期間は，毎年4月1日から翌年3月31日までの1年間とする。
(改定)
第○条　基本年俸は，原則として毎年4月1日に改定する。
　2　計算期間の中途において昇進または異動を発令したときは，その時点で必要に応じて年俸の改定を行うことがある。
(支払)
第○条　年俸の支払いは次のとおりとする。
　　(1)基本年俸は12等分し，毎月1等分ずつ支払う。
　　(2)業績年俸は業績によって変動する年俸で，原則として4月と10月に支払う。
(支払日)
第○条　基本年俸の毎月の支払いは，当月1日から末日までの分を当月25日に支給する。
(控除)
第○条　支払いにあたり，次のものを控除する。
　　(1)社会保険料の個人負担分
　　(2)所得税・住民税
　　(3)社員代表と協定したもの
(退職・休職の取り扱い)
第○条　社員が計算期間の中途において退職または休職したときは，原則として以降の基本年俸は支払わない。また支給日当日に在籍しない者については，業績年俸を支払わない。
(月割・日割計算の方法)
第○条　社員が計算期間の中途において入職，退職，休職，復職したときは，原則として基本年俸および業績年俸を月割及び日割計算で支給する。月割・日割計算とは次のとおりとする。
　　(1)月割計算とは，年俸を12で割った計算とする。
　　(2)日割計算とは，年俸月額を1ヶ月の総労働日数（年間労働日数÷12）で割った計算とする。

【賞与規定　抜粋】

(取扱)
第○条　この規定は，社員に対する賞与の支給について定める。

(賞与の支給時期)
第○条　賞与は原則として8月中旬および12月中旬に年2回支給する。

(賞与の算定対象期間)
第○条　賞与の算定対象期間は次のとおりとする。
  (1)　夏季賞与は前年10月1日から当年3月31日までの6ヶ月間
  (2)　冬季賞与は当年4月1日から当年9月30日までの6ヶ月間

(考課実施対象者)
第○条　成績・情意考課は3月末日，9月末日現在の在籍者全員を対象として実施する。
　　　　ただし，以下の者を除く。
  (1)　勤務期間が6ヶ月に満たない者
  (2)　欠勤期間が6ヶ月以上の者
  (3)　6ヶ月以上の休職者

(賞与支給対象者)
第○条　賞与支給対象者は賞与支給日に在籍している者とする。
　　　　ただし，以下の者は除く。
  (1)　試用期間中の者
  (2)　パートタイム職員
  (3)　嘱託社員
  (4)　契約社員（除く厨房社員）
  (5)　年俸制社員

(出勤率計算)
第○条　出勤率は以下の通とする
  (1)　夏季賞与は前年10月1日から当年3月31日までの6ヶ月間
　　　　冬季賞与は当年4月1日から当年9月30日までの6ヶ月間
  (2)　出勤率の計算は実働により行う。
　　　　欠勤事由別出欠勤の取り扱いについては本規定第○条○項の定める通りとする。
  (3)　出勤率は次の算式により算定する。

$$出勤率 = \frac{対象期間中の出勤日数}{対象期間中の出勤すべき日数}$$

(賞与算定基本方式)
第○条　賞与算定基本方式は次の通りとする。
　各人別賞与支給額＝各人職能（役割）等級別獲得ポイント×ポイント単価×出勤率

(職能（役割）等級別ポイント係数)
第○条　職能（役割）等級別ポイント係数は，別に定める「賞与支給基準点数表」による。

(半期賞与支給総原資および1ポイント金額)
第○条　半期賞与支給総原資および1ポイント金額は，会社業績により社長が決定する。
　　(1)　半期賞与支給原資
　　　　半期賞与支給額＝半期付加価値×労働分配率－（月例総人件費×6ヶ月分）－年俸総人件費（6ヶ月分）
　　　　付加価値とは，経常利益・賃貸料・利息・人件費・減価償却費を合算した総額
　　(2)　ポイント金額

$$1 \text{ポイント金額} = \frac{\text{役割等級別半期賞与支給総原資}}{\text{役割等級別の支給対象者総獲得ポイント点数}}$$

(在籍期間別支給係数)
第○条　在籍期間別支給係数は，在籍12ヶ月以上の者を，100％として，在籍12ヶ月未満の者には，その支給係数を次の通りとする。
　　ただし，支給係数は，会社業績に応じて変更することがある。

区　　分	支給係数
在籍12ヶ月以上の者	100％
在籍11ヶ月以上の者	90％
在籍10ヶ月以上の者	80％
在籍9ヶ月以上の者	70％
在籍8ヶ月以上の者	60％
在籍7ヶ月以上の者	55％
在籍6ヶ月以上の者	50％
寸志（在籍6ヶ月未満の者）	3万円
寸志（在籍3ヶ月未満の者）	2万円
寸志（在籍1ヶ月未満の者）	1万円

（欠勤控除）
第○条　対象期間中，欠勤日数は，次の算定式により控除する。
　　　　欠勤控除率＝欠勤日数÷所定労働日数
　2　欠勤日数
　(1)　欠勤
　(2)　換算による欠勤
　　①　無断欠勤1日につき1日欠勤扱いとする。
　　②　遅刻・早退・私用外出等1時間以上は，半日欠勤とみなす。
　　③　遅刻・早退・私用外出等2回につき1日欠勤扱い，ただし1回4時間以上は1日欠勤とみなす。
　(3)　休職日数
　(4)　その他の出勤欠勤扱い

欠勤事由			出欠勤の取扱い
年次有給休暇			出勤扱い
特別休暇	慶弔その他		出勤扱い
	公傷	欠勤1ヶ月未満	出勤扱い
		欠勤1ヶ月以上3ヶ月未満	1/3欠勤扱い
		欠勤3ヶ月以上6ヶ月未満	1/2欠勤扱い
	災害	欠勤1ヶ月未満	出勤扱い
		欠勤1ヶ月以上	欠勤扱い
私傷病欠勤			欠勤扱い
自己都合欠勤			欠勤扱い
産前産後休暇			欠勤扱い
生理休暇			欠勤扱い
育児休暇			欠勤扱い
介護休暇			欠勤扱い

【退職金規定　抜粋】

(支給条件)

第○条　退職金は勤続3年以上の社員が退職したときに支給する。ただし，会社都合退職と自己都合退職に分け，社員が次の各号の一つに該当したときに支給する。

　　(1) 会社都合退職事由
　　　　① 定年により退職するとき
　　　　② 会社の都合により解雇されたとき
　　　　③ 役員に就任するために退職したとき
　　　　④ 業務上の災害により退職したとき
　　　　⑤ 在職中死亡したとき
　　　　⑥ その他会社が必要と認めたとき
　　(2) 自己都合退職事由
　　　　① 休職期間が満了したとき（公傷病休職を除く）
　　　　② 自己都合により退職を申し出て会社がこれを認めたとき

(退職金の計算)

第○条　退職金は次の計算式により計算する。

　　(1) 会社都合退職事由
　　　　（勤続累積点数＋職能累積点数）×点数単価
　　(2) 自己都合退職事由
　　　　（勤続累積点数＋職能累積点数）×点数単価×勤続別支給係数

(点数単価)

第○条　点数の単価は10,000円とする。

(勤続貢献点数の付与)

第○条　入社日から起算した勤続年数に対応した別に定める勤続貢献点数を付与する。

(職能貢献点数の付与)

第○条　入社1年経過毎に直近の3月末日をもって職能貢献点数を付与する。計算基礎は前年11月実施の人事考課によって別に定める基準により算出する。

(勤続年数の算定)

第○条　勤続年数の算定は次の通りとする。

　　(1) 採用日の属する月から退職日の属する月までを月単位で計算する。
　　(2) 休職期間は勤続期間に算入しない。

(勤年別支給係数)
第○条　自己都合退職事由による勤年別支給率は第○条の勤続年数によって別に定める勤年別支給係数表の通りとする。

(特別加算)
第○条　社員が在職中に顕著な功労をあげたとき，及び会社が必要と認めたときは第○条による退職金に特別加算することがある。

(予告割増)
第○条　社員が退職希望日の1年以上前に退職を申請し，かつ6ヶ月前に再度退職の意思を確認できた場合は，自己都合退職の支給係数に1を超えない範囲で0.2を上乗せする。

(早期退職優遇加算)
第○条　勤続15年以上で満50歳以上，60歳未満の者が早期退職を希望する場合は，勤続貢献点数，職能貢献点数は55歳まで継続勤務したものとみなし，計算する。このとき，職能貢献点数に使う人事考課はB考課として計算する。

(移行経過措置)
第○条　旧退職金規定による退職金は平成○年3月末日をもって旧規定により退職金を算出し，これを点数に置き換えることで清算し，4月より新規定による職能貢献点数，勤続貢献点数を旧規定による点数に上乗せしていく形で移行する。

おわりに──高齢者の人材雇用を進めるために

　中高年齢者雇用の一番の問題点は，ホワイトカラーの生産性である。能力と仕事のミスマッチ，仕事と賃金のミスマッチが巷では問題として取り上げられるが，現状60歳を過ぎた高齢者が現役時代の賃金で働き続けることは，なかなか厳しい現実がある。

　現状，一般産業界における高齢者のキャリア活用の現状を見てみると，第一に55歳または60歳からの賃金ベースを2割または3割カットするなどが，ごく普通に行われている。2013年8月に行った産労総合研究所の調査「中高齢層の賃金・処遇に関する調査」によると，60歳以上の雇用者の所定内賃金は平均26.3万円，年間賞与42万円，年間賃金357.5万円である。規模別に見ると，小企業，大企業，中企業の順に高く，産業別に見ると製造業より非製造業のほうが高い。特に鉱業，建築業は高い。また，所定内賃金を雇用形態別に見ると，正社員は30.6万円，嘱託は25.8万円である。

　第二に高齢者雇用の課題は職務遂行能力の問題，さらにはモチベーション管理と健康管理等の課題である。巷では，このように課題は明確になっているが，実際の高齢者人材活用においての目新しい人事活性化の提案は皆無に近い。

　高齢者に対する職務再設計など仕事内容の工夫が必要であるといわれているが，生涯現役を貫くには，現役時代からの仕事に継続性があり，また関連性のある仕事に就くことが一番ベターで成功率が高いようだ。これらの高齢者人材を受け入れる経営側の課題は，高齢者をマネジメントするマネジャーをどう育てるかであり，また高齢者の人事管理の問題も難しい。

　まず高齢者の健康管理の課題を提案すれば裁量労働の処遇が望ましいと筆者は考えている。裁量労働のタイプとして，
　その1は専任職型裁量労働制（役割給，業績給，または年俸制などの適用）
　その2は企画専門型裁量労働制（業績給，または年俸制などの適用）
　その3は職務を定めたフレックスタイム制の嘱託社員（時給，能率給，歩合給などの適用）

である。すなわち，一定分野での深い経験を活かし，高度熟練者として担当業務を推進し高い成果を上げている人材，また特定分野における高度な専門知識と技術を持ち，技術，商品，市場，組織などの企画開発を担当するプロフェッショナルな人材さらには限られた定型業務で経験を主体にした業務を確実に遂行する人材の3つの役割パターンに分けることができる。

次の例示は現行の月例賃金を役割評価により賃金査定を実施した一例である。

役割給の算定（チャレンジなしとして計算）

氏名	役割評価 （X軸）	役割評価 （Y軸）	役割評価点計	現在の月給	1点単価
原田	8点	8点	16点	25万円	15,625円
竹野	5点	4点	9点	18万円	20,000円
田中	6点	6点	12点	22万円	18,333円
鈴木	4点	3点	7点	30万円	42,857円
計	23点	21点	44点	95万円	21,590円

上記，役割評価点計（役割価値）を月例賃金に置き換えると次のようになる。役割評価が確かであれば，報酬の矛盾点を明確に指摘できる。高齢者雇用を促進するには，まず高齢者職務の明確化と人件費予算枠を確保し，決められた予算制度の中で高齢者採用を進めるのも人材活用の緊急避難措置であると筆者は考えている。

いずれにしても，高齢者従事職務と役割の明確化がスタート点となる。

役割価値による月例賃金の修正

順位	氏名	役割評価点計	修正後の月給
1	原田	16点	345,440円
2	田中	12点	259,080円
3	竹野	9点	194,310円
4	鈴木	7点	151,130円

※上記「役割給の算定」計欄の1点単価21,590円で計算した修正後の月給

これからの高齢化社会の進行に対応する賃金は，日本本来の人間基準賃金と欧米型の仕事基準賃金をミックスにした役割給がこれからの賃金のメインになると筆者は確信している。

●著者略歴

齋藤清一（さいとう　せいいち）

最終学歴
埼玉大学大学院経済科学研究科経済科学博士後期課程修了，博士（経済学）

主な職歴
民間製薬会社に入社，人事課長等を歴任。日本賃金研究センター主任アドバイザー，敬愛大学経済学部講師，東京医科歯科大学大学院非常勤講師，立命館大学客員教授，同大学医療経営研究センター副センター長を経て，現在，人事賃金管理センター代表取締役，日本病院人事開発研究所代表幹事，滋慶医療科学大学院大学客員教授，立命館大学上席研究員，平安女学院大学日本おもてなし学会理事などとして活躍中。

所属学会
日本経営倫理学会，日本労務学会，日本おもてなし学会

主な著書
『職能給の決め方が分る本』『人事考課実践テキスト』『職務調査の進め方・活用の仕方』『トータル人事制度の組み立てと運用』『医師の賃金はこう決める』『病院人材育成とコンピテンシー活用の仕方』『病院人材育成のための人事考課・面接訓練ケース100問100答』（以上，経営書院），『加点主義人事制度の設計と運用』（同友館），『あなたの部下になりたい』（税務経理協会），『病院・施設の人事賃金制度の作り方』（日本能率協会マネジメントセンター），『甦る病院経営　人事賃金制度改革のすすめ方』（医療タイムス社）　その他多数。

主なDVD
「加点主義目標面接（CBO）の実際編，ケーススタディ編」，「病院における人事考課，理論・実務編，ケーススタディ編」，（日本生産性本部制作），その他多数。
http://www.jinjitinginkanri.sakura.ne.jp/

職能給の再構築と日本型成果主義賃金の実践テキスト

2016年6月20日　第1版第1刷発行

著者　齋　藤　清　一
発行者　山　本　　　継
発行所　㈱中央経済社
発売元　㈱中央経済グループ
　　　　　パブリッシング

〒101-0051　東京都千代田区神田神保町1-31-2
電話　03(3293)3371(編集代表)
　　　03(3293)3381(営業代表)
http://www.chuokeizai.co.jp/
印刷／三英印刷㈱
製本／㈱関川製本所

© 2016
Printed in Japan

＊頁の「欠落」や「順序違い」などがありましたらお取り替えいたしますので発売元までご送付ください。(送料小社負担)
ISBN978-4-502-19281-4　C3034

JCOPY〈出版者著作権管理機構委託出版物〉本書を無断で複写複製(コピー)することは,著作権法上の例外を除き,禁じられています。本書をコピーされる場合は事前に出版者著作権管理機構(JCOPY)の許諾を受けてください。
JCOPY〈http://www.jcopy.or.jp　eメール：info@jcopy.or.jp　電話：03-3513-6969〉

◆本書をおすすめします◆

図解と簡単な計算式で学ぶ
課長のための
実践的「管理会計」入門

窪田 千貫［著］　四六判・並製・256頁

**これからの課長職に求められる
実務的知識を盛り込む**

将来の上級幹部候補者である課長職に求められる共通的で実践的な知識をやさしく解説するとともに、実務上で直面する解決すべき課題を取り上げ、業種を問わず幅広く活用できるよう図解と簡単な計算式でわかりやすく解説。

◇本書の目次◇

第1章	課長の役割と職責
第2章	儲けるための実践的な管理会計手法を駆使しよう
第3章	変動費および固定費と限界利益の活用方法
第4章	経営の羅針盤である損益分岐点と売上減少耐久力
第5章	利益計画の立て方と部門別予算管理
第6章	利益の内部留保で財務体質の強化を
第7章	課別・部門別月次損益計算と目標管理
第8章	製品・商品別ＡＢＣ分析による採算管理と収益力の強化策
第9章	操業度と稼働率が変われば利益も増減する
第10章	販売業の収益増大策は売上高と限界利益、在庫の回転率
第11章	資金の調達・返済と資金繰り分岐点による余裕度と危険度
第12章	原価引き下げの基本と着眼点

中央経済社